Michael Shagas

Leben
in der Realität
des Reich Gottes

Impressum

Übersetzung aus dem Russischen
Berlin 2017 – Gemeinde „Leben im Geist"
Übersetzung und Lektorat: Stefan Köhler-Sauerstein

Sämtliche Bibelstellen – sofern nicht anders angegeben – sind aus der *Neues Leben* Übersetzung entnommen worden.

Herstellung und Verlag:
BoD - Books on Demand, Norderstedt
ISBN 9783746016733

*Sie halten das erste Druckexemplar des
Erweckungsdienstes von Michael Shagas Ministries
in den Händen – dieses Buch wird Ihr Leben
verändern, aber nur, wenn Sie Ihr Herz öffnen und
es bis zu Ende lesen…*

Kurzbiografie

Michael Shagas – ein Missionar aus Israel.

Im Jahre 1989 fand er zu Jesus Christus, um an Ihn als seinen Herrn und Erretter zu glauben. 2012 berief Gott ihn nach Russland, wo er im Jahr 2013 nach Moskau kam, dort heiratete und seinen Erweckungsdienst begann.

Michael Shagas Ministries International ist ein internationales Ministerium der Erweckung.

Dienste der Mission: Erweckung bringen, das Volk Gottes in das Reich und die Liebe des Vaters führen, Errettung, die Ressourcen des Geistes in den Kindern des Vaters mittels Offenbarung über die Sohnschaft aktivieren.

Kernbotschaften:

1. Die Offenbarung der Gnade und der neuen Schöpfung.
2. Die Offenbarung der Söhne Gottes.
3. Die Offenbarung von Eden – Genuss mit Gott hier auf Erden.
4. Die Offenbarung des Reich Gottes.

Drei grundlegende Ressourcen des Dienstes bei den einladenden Gemeinden:

1. Konferenzen
2. Heilungsdienst
3. Schule Henoch

Und wenn Christus in euch ist, so ist der Leib für die Sünde gestorben, aber der Geist ist lebendig um der Gerechtigkeit willen ... wenn der Geist, der in euch ist, Jesus von den Toten auferweckt hat, so wird Er auch euren sterblichen Leib durch Seinen Geist beflügeln, der in euch wohnt.

(Botschaft aus Römer 8,1-14)

Von uns allen wurde der Schleier weggenommen, sodass wir die Herrlichkeit des Herrn wie in einem Spiegel sehen können. Und der Geist des Herrn wirkt in uns, sodass wir ihm immer ähnlicher werden und immer stärker seine Herrlichkeit widerspiegeln.

(2 Kor. 3,18)

INHALT

Ich möchte meine Dankbarkeit für mein Team zum Ausdruck bringen. Ich danke meinem lieben Freund Faat Janbulat für seine Ermutigung, seine Gebete und seine Freundschaft. Ebenso danke ich denjenigen, die mir bei der Erstellung dieses Buches behilflich waren, nämlich Evgeniy und Yulia Nikoshenko, Pastoren der Gemeinde Tscheljabinsk.

Faat Janbulat

Präsident der christlichen Mission

„River flow", Kazan

Das Buch, welches Sie in den Händen halten, ist von meinem Freund Michael Shagas geschrieben worden – er lehrt nicht nach Theorien, die er durch Hörensagen erfahren hat, er weiß tatsächlich wovon er spricht und worüber er lehrt und das demonstriert er buchstäblich schon in vielen Ländern. Er macht die Menschen in einer einfachen und klaren Sprache mit den tiefen Wahrheiten aus dem Wort Gottes und dessen einzigartiger Gegenwart bekannt.

Beim Lesen werden Sie in die angenehme Atmosphäre des himmlischen Reiches eintauchen und dabei werden Sie Schritt für Schritt die erstaunlichen Geheimnisse und Möglichkeiten des Übernatürlichen entdecken; Sie werden verstehen, dass dies schon fast alles in uns gelegt wurde, weil wir in unserer neuen Natur zu den Kindern Gottes aufgenommen wurden, einige werden sehr überrascht sein, was sie über sich selbst erfahren werden, wobei es für sie anfangs sogar noch schwer war, das ernst zu nehmen, was sie bei den revolutionären Predigten auf den Schulen und Konferenzen von Michael gehört haben, hinter all dem steht der Erlöser selbst, der Seinen Auserwählten in die faszinierenden und vor den Augen verborgenen Vorbereitungen für diesen wichtigen Auftrag führte, Er gab ihm reichlich Offenbarungen und persönliche Treffen, weil der Herr selbst sehen will, wie das heilige Feuer Seines Erwachens im gesamten Bereich der ehemaligen Sowjetunion entbrennt.

Der Herr will die Gläubigen, die aus den Heiden hervorgehen, verwenden, um das brennende Verlangen nach Gott zu entfachen. Nun nutzt Er Seinen jüdischen Diener, mit dem Er den großen Hunger dieser Menschen, in die Atmosphäre der unaufhörlichen Zeichen und Wunder einzutauchen, in die Atmosphäre Seiner süßen und wunderbaren Gegenwart, wecken will. Meiner Meinung nach ist dieses Buch ein Meilenstein für das Christentum, das die Gelegenheit nicht verpassen sollte, sich mit dem Reichtum dieses Buches vertraut zu machen, denn wenn sie sich damit vertraut macht, wird es die Gewissheit erlangen, dass unser Gott ein liebender Vater ist und erkennt, dass Sein Joch ein wahrhaftiger Segen und Seine Last wahrhaftig leicht ist.

Steh auf und leuchte! Denn dein Licht ist gekommen und die Herrlichkeit des Herrn erstrahlt über dir.

(Jes. 60,1)

Leben in der Realität des Reich Gottes
Botschaft über die Rückkehr in das Reich

Je größer Ihre Offenbarungen werden, desto mehr Glauben werden Sie haben.
Michael Shagas

Vorwort

Das Zustandekommen dieses Buches ist, wie alles, was Gott tut, nicht zufällig geschehen. Bei meinen Besuchen vieler Städte und Länder habe ich mit wachsender Erfahrung den riesigen Durst der Menschen nach Seinen Wundern und Seiner Herrlichkeit erkennen können. Oft war es mir bei meinen Besuchen nicht immer möglich, alles in vollstem Umfang teilen zu können, was der Herr mir auf mein Herz gelegt hat. Nun halten Sie in Ihren Händen ein Buch, das eine Art Schatz – direkt aus den himmlischen Vorratskammern unseres geliebten Herrn und König Jesus Christus, darstellt. Dies bedeutet nichts weiter, dass der Durst Ihres Herzens Sie auf eine neue Ebene gebracht hat, auf der der Wunsch in Ihnen entbrannt ist, Ihn auf eine andere Weise um vieles mehr und tiefer kennenzulernen – mit anderen Worten: Sie wollen Ihn näher kennenlernen. Sogar jetzt, selbst wenn Sie diesen leichten Hauch noch nicht empfinden können, bete ich für jeden, der diese Botschaft jetzt liest: Lassen Sie die Kraft Gottes, die Veränderung und Segen in Ihr Leben bringen wird, jetzt in Sie fließen.

Ich erinnere die Menschen gern bei jeder Konferenz oder bei jeder Schule des Übernatürlichen an die einfache Wahrheit: Jesus Christus ist immer der Gleiche – gestern, heute und in alle Ewigkeit. „Warum erinnern?" Möglicherweise wird die Antwort Sie überraschen. Einer der Hauptgründe dafür kann sein, dass Gott für Seine Kinder weit entfernt und irgendwie unwirklich zu sein scheint. Aber ich will Ihnen sagen, dass Sein Arm nicht müde werden wird Sein Volk zu segnen, Sein Herz niemals in der Liebe zu uns erkalten wird und er nicht davon ablassen wird, das Reich hier auf Erden zu bringen und zu verbreiten! Lassen Sie es mich noch deutlicher sagen – Er kann Ihre Lebensumstände und Ihre Zukunft ändern. Nur wenn Gott Sie persönlich ausfüllt, werden Sie nicht mehr rauchen, trinken oder sich nach zweifelhaftem Vergnügen umschauen wollen, da Sie dann in der Lage sein werden den wahrhaftigen Genuss erleben zu können, den nur Er Ihnen geben kann.

Wenn wir die Schrift lesen, können wir erkennen, wie Jesus Christus auf den Schmerz der Menschen reagierte und die Antwort für die erschöpften und mühselig beladenen Menschen war. Als Er die Not der Witwe erkannte, erbarmte Er sich ihrer. Als Lazarus starb, trauerte Er mit seinen Schwestern, um ihn dann mit der Kraft des Heiligen Geistes wiederzubeleben. Ich möchte jetzt Ihre Aufmerksamkeit auf Seine Unveränderlichkeit lenken.

In **Maleachi 3,6** steht geschrieben: **Denn ich bin der Herr und ich habe mich nicht geändert. Und ihr, ihr Nachkommen Jakobs, seid noch immer Jakobs Nachkommen.**

Stellen Sie sich vor, was das früher für eine Zeit, in der Jesus diente, gewesen sein muss. Es gab keine „Familienplanung" – Kinder wurden – sagen wir mal „spontan" – geboren, sodass es Familien mit bis zu zehn Personen gab, es war heiß und es gab keine Klimaanlagen, es gab keinen öffentlichen Nahverkehr oder sonstige Errungenschaften, die uns unser Leben heute leichter machen. Trotz dessen oder gerade deswegen folgten die Menschen damals einem jüdischen Lehrer, der eigentlich Zimmermann war – sie folgten Jesus. Was hatte Er an sich, dass die Massen des Volkes Ihm folgten? Von Ihm ging Kraft, Heilung, Glückseligkeit, das Reich und das Leben aus – Er war der Träger Edens. Lassen Sie uns das Evangelium von **Matthäus**, Kapitel **9**, Vers **35 und 36** lesen und schauen, was dort passierte:

Jesus zog durch die Städte und Dörfer der Umgebung. Er lehrte in den Synagogen und verkündete die Botschaft vom Reich Gottes. Und überall, wo er hinkam, heilte er Menschen von ihren Krankheiten und Leiden. Er hatte tiefes Mitleid mit den vielen Menschen, die zu ihm kamen, denn sie hatten große Sorgen und wussten nicht, wen sie um Hilfe bitten konnten. Sie waren wie Schafe ohne Hirten.

Die Bibel sagt, dass wir „durch Veränderung eurer Denkweise in neue Menschen verwandelt" werden. Ihr Verstand muss in der gleichen Weise umgewandelt werden, wie es bereits mit Ihrem Geist schon geschehen ist. Es ist nicht mein Bestreben, dass sie dieses Buch einfach nur lesen, sondern dass Sie hören, verstehen und erkennen werden. Dieses Stadium der Erkenntnis wird Frucht in Ihrem Leben bringen. Wissen, welches lediglich auf der Basis von Informationen, Predigten oder Büchern basiert, ist unzureichend, um dauerhafte

Veränderungen bewirken zu können – wenn Sie die Wahrheit nicht erkennen, wird in Ihrem Leben auch nichts geschehen. Nur wenn die Wahrheit den Glauben in unserem Herzen freisetzt, werden wir entsprechende Taten und Früchte hervorbringen können. Sie muss ein Teil von uns werden, die Wahrheit muss sich förmlich mit dem Menschen vereinen, erst dann wird sie wirkliche Frucht tragen können.

Ich möchte bemerken, dass wir nicht nur hören sollen, sondern unseren Verstand in den Himmel zu Jesus Christus verpflanzen müssen, denn dann werden Sie in Ihrem Leben solche Veränderungen schmecken können, die für Ihren normaler Verstand zu unfassbar sind und die Sie sich kaum vorstellen kann. Sie werden alles in einem anderen Licht sehen, in Seinem Licht und Sie werden nie wieder mehr derselbe Mensch sein. *Durch den erneuerten Verstand wird die Fülle Gottes fließen können, weil Sie einen Bewusstseinszustand erreichen werden, der sich innerhalb des Königreiches befinden wird. Nicht demnächst und auch nicht gestern – sondern jetzt. Es ist bereits in Ihnen! Sie müssen es nur freisetzen, aber dies wird nur aus Ihrem Geist heraus, durch Ihren erneuerten Verstand geschehen. Sobald diese Veränderung vollzogen ist, kann die Fülle des Reiches durch Sie fließen – wir dienen als Kanal für das Reich.* Auf den erneuerten Verstand und die himmlische Denkweise werden wir im Laufe dieses Buch noch genauer eingehen.

Ich las einmal ein Buch über eine unglaubliche Dienerin Gottes – Kathryn Kuhlman. Die Geschichte über ihr Wirken hinterließ einen großen Eindruck auf mich, ihr Dienst für Gott und an den Menschen wird eine dauerhafte Spur in der Geschichte des Christentums hinterlassen. Sie sagt: „Ich glaube an Wunder, weil ich an Gott glaube." Diese Worte drangen für immer tief in mein Herz ein und haben es bis zum heutigen Tag auch nicht wieder verlassen. Der Herr ließ etwas in mir explodieren, was mein Leben veränderte, der Vorhang wurde zerrissen, so wie im Wort geschrieben steht:

Ich bin der Herr, der Gott aller Völker der Welt. Sollte mir irgendetwas unmöglich sein? (Jer. 32,27)

Dieses Wort wurde nicht nur für mich geschrieben, denn dieses starke Wort wirkt sich wie Dynamit auf den Himmel aus!

Für mich ist eine Ehre, dass ich nicht an irgendwelche Götzen glauben muss, sondern an den lebendigen, großen und allmächtigen Gott, der Wunder tut. Genau die Botschaft über Sein Reich wurde zu einem Schlüssel für mein Leben, den Gott mir auftrug zu tragen und den ich Ihnen, mein treuer Leser, mit diesem Buch überreichen werde.

Kapitel 1

Suche und Bekanntschaft

Ich wurde 1981 in Weißrussland geboren. Als meine Mutter mit mir schwanger war, hatte sie einen Traum. Sie sah einen Jungen und dass er Michael heißen sollte. Bereits schon in meiner Kindheit trug ich die Erkenntnis in mir, dass es mehr als nur die uns umgebende natürliche Welt geben musste. Es gibt mehr als wir sehen können. Schon in frühem Alter war ich auf der Suche nach übernatürlichen Erfahrungen. Man kann sagen, dass ich schon das Interesse für Gott mit in die Wiege gelegt bekommen hatte. Meine Großeltern waren orthodoxe Christen, daher war es nicht verwunderlich, dass ich einen Hunger danach entwickelte und praktisch alles anzog, was mit Wundern in Verbindung stand.

Ein Appell an Jesus

Als ich älter wurde und zu einem jungen Mann heranwuchs, gelangte ich bald an den Punkt, an dem ich eine Leere und Unzufriedenheit in meiner Seele verspürte, obwohl ich Freude und viele Dinge hatte, von denen viele 16-jährige Teenager nur träumen konnten. Ich war Musiker und spielte in meiner Freizeit Klavier oder Keyboard, wir hatten sogar eine Band und trafen uns in regelmäßigen Abständen, woraus sich mein Gesangstalent entwickelte. Einige Zeit später lernte ich einen jungen Mann namens Igor kennen, woraus später eine tiefe Freundschaft hervorging.

Nach nicht allzu langer Zeit sagte er zu mir: „Du musst dich zu Jesus bekennen und umkehren." Mir war nicht klar, was dieser Satz zu bedeuten hatte und wozu das gut sein sollte. Im zweiten Gedankengang dachte ich über meine aktuelle Lebenssituation nach und was gerade mit mir geschah – in meinem Kopf begann es langsam „klick" zu machen. Zu dieser Zeit wollte man mich aufgrund meiner ungenügenden Leistungen aus der Schule ausschließen. Für mich war das eine Katastrophe und schlimmer konnte es für mich gar nicht kommen. Es war eine schwierige Zeit für mich, vor allem wegen meiner Mutter, die mir immer eine Menge Liebe und Kraft geschenkt hatte – nur der Gedanke daran, dass sie sich deswegen Sorgen machen würde, ließ eine innere Unruhe in mir aufkommen.

Es dauerte nicht lange, bis mein Freund wieder zu mir kam und mir in etwa wieder die gleiche Frage stellte. Doch auch diesmal gab ich ihm keine zufriedenstellende Antwort. Dann fragte er mich, ob ich vielleicht etwas beichten wolle. Damit war ich einverstanden, also nahm er mich mit in eine Kirche. Als ich dort ankam und die Räumlichkeiten betrat, traf ich auf den Pfarrer und seinen Helfer. Wir begannen ein sehr langes Gespräch und am Ende fing ich an mich mit ihnen zu streiten – mit einigen seiner Ansichten war ich einverstanden, aber andere Dinge empörten mich einfach nur. Nach ca. einer Stunde verließ ich wieder das Gebetshaus. Als ich etwa 50m von der Gemeinde entfernt war, hörte ich eine Stimme aus meinem Herzen: „Du verlierst etwas sehr Wertvolles und Wichtiges in deinem Leben." In meinem Inneren kam ich zu der Erkenntnis, dass dieser Verlust etwas sehr Einschneidendes für mich wäre.

Da sagte ich zu meinem Freund: „Lass uns zurückkehren, ich will Buße tun." Ich ging zurück und an diesem Tag nahm ich Jesus als meinen Herrn und Erretter an. Das war im Jahre 1998. In dem Augenblick, in dem ich mich bekehrte, erlebte ich ein unglaubliches Gefühl in mir: Glückseligkeit, Triumph und Freude. Dieser Tag blieb als einer der hellsten Tage meines Lebens in meiner Erinnerung. Jetzt lebe ich schon seit 18 Jahren als Christ und ich habe diese Entscheidung nicht an einem einzigen Tag bereut.

So geschah es, dass der Tag meiner Buße und der Tag meiner Wiedergeburt der gleiche war. Bedauerlicherweise war dies aber nicht bei allen so. Wenn ich früher die Welt nur in schwarz/weiß wahrnahm, so bestand jetzt mein Leben aus dem vollen Spektrum aller Farben, die mich durch die Liebe Gottes erfüllt haben. In mich kamen eine Zufriedenheit und eine große Freude, die von Tag zu Tag wuchsen. Aber das Allerwichtigste war, dass ich meinen liebenden Vater, meinen Schöpfer, meinen Jesus erkannte. Es war kaum zu begreifen, dass die aufreibende und kräftezehrende Suche endlich ein Ende hatte, besser noch: das, was ich gesucht hatte, hatte ich gefunden. Es war so wie bei einem Menschen, der durch die Wüste irrte und schon völlig ausgetrocknet war – plötzlich fand er eine Quelle in einer Oase mit erfrischendem und kaltem Wasser. Stellen Sie sich vor, was das für eine Freude war!

Er ist gestern, heute und in Ewigkeit immer der Gleiche

Wie schon bereits erwähnt, suchte ich schon frühen nach Gott. Als ich ungefähr fünf Jahre alt war, fragte ich meine Großmutter, wo denn Gott wohnen würde. Mich interessierte einfach alles, was mit Gott zusammenhing und sie erzählte mir alles, was sie konnte und was sie wusste. Dieser Same, der damals schon in mich gelegt wurde, löste ein nur noch größeres Interesse an unserem Herren aus. Ich glaube, dass Gott von Anfang an in jeden die Lust und die Leidenschaft gelegt hat, nach Ihm zu suchen – so war es jedenfalls bei mir.

Im Alter von 16 Jahren fand ich Ihn dann. Ich weiß, dass ein Leben mit Jesus ein großes Privileg ist, das uns von oben gegeben worden ist. Als Christus in mein Leben gekommen war, wurde die große innere Leere, die einem Vakuum glich, in mir plötzlich mit Freude, Liebe und dem Sinn des Lebens überfüllt. Deshalb sage ich hier allen und jedem, dass das Leben in Christus nicht irgendein religiöses Spiel oder ein besonderer Club der Bekehrten ist. Nein – es ist ein Leben mit dem lebendigen Gott und ich bete für jeden Leser, damit der Herr Sie mit der Erkenntnis segnen wird, dass Er der Gleiche wie gestern, wie heute und in alle Ewigkeit ist. Akzeptieren Sie es und Sie werden es nicht bereuen, denn Gott ist Liebe. In dieser Liebe gibt es keinen Mangel oder Makel. Manche Menschen müssen 50 Jahre ohne Gott leben und wollen Ihn finden; ich bin mit 16 zu dieser Erkenntnis gelangt und wie schon gesagt, bereue ich es in keinster Weise.

Ich fing an mit allen über Jesus zu reden, mit meinen Mitschülern, mit meinen Freunden und auch mit meinen Lehrern. Meinen Kommilitonen, die mich ja schon länger kannten, fiel auf, dass ich erstaunlich gut das Wort predigen konnte. Meine Russisch-Dozentin war sehr erstaunt, dass ich bezüglich der Sprache großes Talent hatte, das Schreiben jedoch irgendwie nicht mein Fall zu sein schien. Immer wenn ich das Evangelium predigte, schossen mir Tränen in die Augen – in solchen Augenblicken erkannte ich, dass nicht ich predigte, sondern der Geist Gottes in mir. Gott vollbrachte schon damals Wunder, was mich zu dieser Zeit noch oft überraschte – heute jedoch weiß ich, dass der Herr mich schon damals für den Dienst im Übernatürlichen vorbereitet hat.

Als die Ärzte später bei meiner Mama einen Tumor entdeckten, legte ich ihr die Hand auf und das Geschwür schmolz buchstäblich dahin. Diese Nachricht verbreitete sich schnell in unserer ganzen Region. Als die Menschen dies erfuhren, konnten sie ihr Erstaunen kaum zurückhalten. Bald darauf eröffnete sich in meinem Leben ein neuer Abschnitt und ich kam nach Israel.

Dort kam ich in einen Zustand der Ruhe – der Herr war immer ein wenig in mir und ich in Ihm. Zu dieser Zeit erkannte ich immer mehr, dass der Herr etwas Großes für mein Leben vorbereitet hatte.

Es wäre eine Ungeheuerlichkeit, wenn ich an dieser Stelle nicht erwähnen würde, dass ich meinem Pastor, der mir half die ersten Schritte in Gott zu gehen, sehr dankbar bin. Einen enormen Beitrag leisteten auch die Begegnungen und die Bücher von Benny Hinn, Kathryn Kuhlman oder David Herzog – jedes Mal wenn neue Bücher von diesen gesalbten Menschen erschienen, wurde mein Herz mit Freude erfüllt. All das machte auf mich einen großen Eindruck, am meisten aber die Freundschaft mit dem Heiligen Geist – das ist es, was mich geprägt hat. In diesem allem möchte ich Gott die Ehre geben.

Lieber Leser, am Ende dieses Kapitels möchte ich bemerken, dass wir immer wachsam und in einem Zustand der Erwartung sein müssen, da die Erwartung die Plattform für die Wunder Gottes ist. Ich studiere die Geschichten verschiedener Erweckungen und ich kann sagen, dass alle Ereignisse immer eines gemeinsam hatten – die Menschen haben etwas erwartet.

William J. Seymour prophezeite einst, dass in einhundert Jahren eine große Erweckung geschehen wird, mehr als je zuvor und diese an verschiedenen Orten gleichzeitig losbrechen wird.

Ich bitte Sie, dass Sie der Gesinnung des Fleisches nicht gestatten das zurückzuhalten, was Gott für Sie vorbereitet hat. Kein menschlicher Einfluss darf dies verhindern. Lassen Sie sich freisetzen und öffnen Sie Ihre Herzen für das, was Gott tun wird.

Kapitel 2

Himmlischer Besuch

„Und es erhob sich eine neue vierte Welle, aber mein Volk war noch nicht bereit…"

Es geschah im Jahr 2011, als Gott mir eine Vision gab, die später einige Dinge in meinem Leben beeinflussen sollten. In einer Nacht kam ein Engel zu mir, von dem ein hellgelbes Licht ausging und begann mich innerlich einzuhüllen, so als ob ich in eine Decke gewickelt werden würde. Das Licht setzte eine Art Entkopplung meines Körpers in Gang und ich spürte, wie mein Geist, wie einer Spirale gleich, aus meinem Leib heraustrat. Als dies geschah, empfand ich Angst, da ich für eine solche Art der Erfahrung noch nicht bereit war. Augenblicklich brachte Jesus mich zurück. Einen Augenblick später hörte ich eine Stimme und es bestand kein Zweifel daran, dass es der Herr war: *„Es wird eine neue vierte Welle kommen, aber mein Volk ist noch nicht bereit dafür."* Als er „neu" sagte, hörte ich „vierte" und als er „vierte" sagte, hörte ich „neu" – Unglaublich! In der geistigen Welt verschmelzen „sein" und „sein werden", wenn Gott etwas ausspricht, können diese Worte eine Bedeutung in zweifacher Hinsicht haben; ich möchte nochmals betonen, dass für mich alles sehr klar und deutlich zu hören war.

Nachdem ich wieder einigermaßen zur Besinnung gekommen war, fragte ich Gott: „Was hat das zu bedeuten?" Noch nie zuvor hatte ich etwas Derartiges in meinem Verstand vernommen oder etwas darüber gehört – zu diesem Zeitpunkt war das für mich noch etwas Unbekanntes und gleichzeitig eine völlig neue Erfahrung.

Zwei Tage später erhielt ich eine Offenbarung: Hesekiel Kapitel 47! Der Herr führte mich genau zu dieser Stelle der Schrift, offenbarte sie mir und gab mir darauf eine deutliche Vision! In mir flammte das Feuer des Heiligen Geistes auf. In dieser Schriftstelle ist die Rede von Wasser, welches an verschiedenen Stellen unterschiedliche Tiefen aufweist. Mein Augenmerk richtete sich auf die vierte Messstelle des Wassers – in dieser Tiefe war es unmöglich, infolge der starken und kraftvollen Strömung den Boden noch mit den Füßen berühren zu können.

Dann maß er noch einmal 1.000 Ellen ab, und da war es ein Strom, so tief, dass ich nicht mehr hindurchgehen konnte. Der Fluss konnte nur noch schwimmend durchquert werden, man konnte nicht mehr hindurchgehen. (Hes. 47,5)

Der Herr gab mir hiermit ein Verstehen über das übernatürliche Wirken des Heiligen Geistes, in einem Ausmaß, welches es bisher auf dieser Erde noch nicht gegeben hatte und das ist die vierte Welle.

Wissen Sie, was mit Erde gemeint ist? Die Erde soll das symbolisieren, wovon Adam genommen wurde. Erde setzt man mit etwas Natürlichem, Rationalem oder Analytischem in Verbindung. Tritt der Heilige Geist allerdings in dieser vierten Welle in Erscheinung, so stellt dies die Fülle Gottes auf der Erde dar – die Fülle der Söhne Gottes.

Im prophetischen Sinne ist die Zahl „4" mit den vier Cherubim, die sich um den Thron unseres himmlischen Vaters bewegen, gleichzusetzen. Diese Himmelswesen besitzen vier Gesichter (vier Persönlichkeiten), welche die besondere Nähe zu den letzten Offenbarungen und deren Geheimnissen symbolisieren.

Der Herr offenbarte mir hiermit, dass Er die Generation des Petrus erheben will, welche aus dem Natürlichen heraustritt und zu 100% in das Übernatürliche eingehen wird. Darüber hinaus wird diese Generation nicht mehr auf Fleisch und Blut zurückzuführen sein – sie wird von den irdischen Dingen nicht abhängig sein, sondern wird in vollstem Umfang aus dem himmlischen Ressourcen heraus leben, um als Braut dem makellosen Bräutigam entsprechen zu können. Im weiteren Verlauf des Jahres 2012 wurde mir dieses Thema unter dem Titel „Offenbarung der Söhne Gottes" offeriert.

Wissen Sie, was ein offenbarter Sohn ist? Dies ist ein Mensch, der in Geist, Seele und Leib unserem Herrn Jesus Christus nach dessen Auferstehung entspricht. Dies ist unser Schicksal und zwar nicht erst nach unserem Tod, sondern schon jetzt. Diese Offenbarung hielt Gott bis in die letzte Zeit verborgen. Aus diesem Grund sagte Jesus nach Seiner Auferstehung zu Seinen Jüngern: *„Schalom aleichem"* – was so viel wie *„Friede sei mit euch!"* bedeutet oder noch genauer ausgedrückt: Schalom – die Fülle; die vollständige Fülle in euch. Vollständig nicht nur im Hinblick auf den Geist, sondern auch in der Seele und im Leib. Das Reich Gottes muss sich so wie im Himmel auch zu 100% hier auf

Erden manifestieren. Warum? Weil die Braut Christi vollständig übernatürlich sein soll.

Es steht geschrieben, dass der Herr Adam eine Frau gab, die ihm entsprach. Wenn wir in der Fülle offenbart werden, so können wir hier auf Erden ein vollkommen erfülltes Leben führen, ein Leben, das der Fülle des Himmels entspricht. Und genau das fürchtet der Teufel, er will, dass wir natürlich und fleischlich leben, denn dann sind wir verwundbar, schutzlos und bettelarm. Je mehr Sie die Manifestation Gottes sind, desto reicher werden Sie sein, denn die Wurzel des Wortes „Reichtum" ist Gott. Verstehen Sie? Der Herr soll sie reich in Geist, Seele und Leib machen. Jesus kam zu Seinen Jüngern und aß mit ihnen, anschließend verließ Er den Raum durch die Wand und das Essen, welches in Ihm war, blieb an der Wand hängen – das soll uns verdeutlichen, dass nicht alles, was in das Übernatürliche eingeht, auch übernatürlich bleibt.

Anders gesagt, wollte Jesus uns damit aufzeigen, wie wir im Idealfall sein sollen. Er ist der Erstgeborene und alles, was Er hat, ist unser Erbe. Denken wir anders, so lassen wir es zu, dass der Teufel uns mit seinen Lügen dieses Erbe raubt. *Jeder sollte verstehen, dass er genauso übernatürlich wie unser Schöpfer ist. Jeder Mensch ist heute in dem Maße der, so wie er gestern über sich gedacht hat! Und wenn wir heutzutage denken, dass wir nicht übernatürlich sind, so ist dies ein Ergebnis der Art unserer Denkweise.*

Menschen sterben, weil sie zumindest einmal darüber nachgedacht haben. Sie stellen sich das Ende ihres irdischen Lebens vor und diese Denkweise übertragen sie an ihre Kinder und diese an ihre Kindeskinder und immer so weiter. So wurde es ein fester Bestandteil unseres Denkens und es ist für uns Normalität, dass der Mensch einmal sterben wird. Aber ist dies wirklich so?

Jesus hat den Tod besiegt. Er sagte: *„Es ist vollbracht!"* Was am Kreuz geschehen ist, muss ein fester Bestandteil unseres Denkens in unseren Köpfen werden!

In **Sprüche 23,7** steht geschrieben:

Denn wie er in seiner Seele berechnend denkt, so ist er. (Schlachter). Lassen Sie uns unseren Blick auf den Einen richten, auf den ewigen König und dann werden wir unsere Aufmerksamkeit auch auf Jesus Christus fokussieren können. Mir ist deutlich bewusst, dass gerade jetzt zu diesem Augenblick jeder von Ihnen fest mit Jesus Christus verbunden ist. Das ist die Wahrheit, mein Freund!

Alte Stufen

Eine Fortsetzung des himmlischen Besuches. Eines nachts sendete Gott mir einen weiteren Traum, in dem ich mit Menschen in einer Kirche war. Dort ging ich an einen einsamen Ort, an dem ich sehr altertümliche Stufen sah, die ca. fünf- bis sechstausend Jahre alt zu sein schienen. Diese Stufen führten nach oben und ich spürte in mir einen Impuls, diese Treppen empor zu steigen – in meiner Nähe befand sich kein einziger Mensch mehr.

Als ich erwachte, sagte der Heilige Geist zu mir: „Dies sind die Stufen Henochs, die Wege der Vorzeit, von denen Jeremia schon sprach. Dies sind vergessene Portale und es wird eine Zeit geben, in der du die Schule Henoch erheben wirst, womit du meine Kinder in mein Reich führen wirst. Das Reich Gottes ist nicht natürlich – es ist übernatürlich!"

„Bring mir mein Volk…"

Im selben Jahr hatte ich ein weiteres, nicht weniger unbedeutendes Erlebnis. Gott sprach zu mir, dass ich so schnell wie möglich meine derzeitige Arbeit aufgeben sollte. Am ersten Januar ging ich ins Fasten. Dabei kam der Herr einfach zu mir, setze sich zu mir und ließ mich Seine Größe betrachten; ich fühlte, wie ich nicht mehr in meinem Körper zu sein schien; gleichzeig stand ein Engel vor mir und übergab mir einen Speer. In diesem Moment befand ich mich über einer großen Stadt und sah eine große rote Fläche.

Der Herr gab mir zu verstehen, dass der Speer für diese Stadt bestimmt war und Er sagte zu mir: „Schlage zu!" Als ich begann mit dem Speer zuzuschlagen, begriff ich, dass dort etwas Schlechtes in seinen Anfängen zum Einsturz gebracht wurde, dies konnte ich deutlich in mir verstehen.

Im weiteren Verlauf meiner Vision befand ich mich im Thronsaal, ich sah Seinen Thron und rechts davon befand sich ein Behälter, auf dem alle Flaggen der Welt zu sehen waren. Ich sah eine menschliche Hand, die mir eine Fahne daraus übergab. Ich erkannte nicht, um welche Flagge es sich handelte, denn meine Augen waren nur fest auf Ihn gerichtet. In diesem Augenblick verstand ich, dass es sich um die Hand Gottes handelte und die Flagge drei Farben hatte, allerdings blieben mir diese Farben verborgen.

Nach dieser übernatürlichen Erfahrung ging ich an meinen Computer und fand im Internet die Nationalität der Flagge heraus – es handelte sich um Russland. Ich möchte hier ausdrücklich betonen, dass ich damals dieses Land noch nicht als das Land meines Dienstes betrachtete, der Herr zeigte mir lediglich dieses Land. Nach einiger Zeit gab Er mir eine schöne Frau aus diesem Land, was mir den Weg dieser Offenbarung nochmals bestätigte.

Als ich noch in Israel wohnte, sprach der Herr mehrere Male mit mir darüber. Während eines persönlichen Treffen mit Jesus gab Er mir Folgendes ein: „Führe mein Volk in meine Anwesenheit, in mein Reich." Er sagte: „Bring mir mein Volk!" Diese Worte drangen tief in mein Herz ein. Tatsächlich werden die Menschen bei der Suche nach der Erfüllung ihres Lebens in die Irre der Versuchungen geführt, sie suchen Halt in Drogen, Alkohol, Rauchen, Unzucht usw. – sie versuchen mit eigener Kraft das absolute Glück zu finden. Als der Mensch aus der Freude (dem Garten Eden) vertrieben wurde, blieb das Verlangen danach trotzdem in ihm erhalten. Gott hat uns Seiner nicht beraubt, Er möchte, dass wir nach Ihm suchen.

Der Herr führte mir vor Augen, wie wichtig eine Demonstration Seiner Kraft und Seiner Herrlichkeit für uns ist. Der Dienst nach dem Neuen Testament ist nicht der Dienst nach dem Buchstaben, sondern der Dienst nach dem Geist.

Er hat uns befähigt, Diener seines neuen Bundes zu sein, eines Bundes, der nicht auf schriftlichen Gesetzen beruht, sondern auf dem Geist Gottes. Der alte Weg führt in den Tod, aber auf dem neuen Weg schenkt der Heilige Geist Leben. (2 Kor. 3,6)

Gott legte diese Offenbarung einst in mich und ich verstand, dass nur der Geist die physische Welt beeinflussen kann. Aus dem Geist heraus können Sie die sekundäre Welt – die materielle Welt – beeinflussen. Der Herr gab mir zwei Ressourcen an die Hand – Konferenzen und Schulen des Übernatürlichen.

Einmal bekam ich zu verstehen, dass durch die Kultivierung des Geistes etwas Großes geschehen wird; zu jener Zeit erschien meiner Frau ein roter Engel, über den der Prophet Bob Jones sagte, dass es der Engel der Erweckung ist. Zunächst wusste ich diese Ereignisse nicht einzuordnen, aber schon bald geschahen eine Reihe von Ereignissen, die alles auf Seinen Platz stellten.

Engel in meinem Zimmer

Im Januar hatte ich einen seltsamen, aber zugleich auch interessanten Traum. Ich befand mich in meinem Zimmer, darin stand ein Sofa, auf dem zu meinem Erstaunen Bob Jones saß. (Ich träumte schon des Öfteren von einem Treffen mit Bob Jones, in einem dieser Träume saßen wir in einem gelben Auto, jedoch haben wir uns nie persönlich getroffen.)

In diesem Traum saßen wir uns von Angesicht zu Angesicht gegenüber und redeten miteinander, das Bemerkenswerte daran war, dass wir uns in einem Mischdialekt aus englisch und russisch unterhielten. In dem Gespräch ging es darum, dass er bald in die Ewigkeit eingehen musste und er den Mantel seines Dienstes auf mich übergeben wird. Als ich aufwachte, erzählte ich alles meiner Frau, für mich war dies alles seltsam und unverständlich. Meine Erkenntnisse und mein Verstehen davon kamen mir wie etwas vor, dass nicht ganz zusammenpassen würde. Wenig später hatte ich einen ähnlichen Traum, in dem es wieder um das gleiche Thema ging. Ich glaube sogar, dass es nicht einfach nur ein Traum war, sondern Gott meinen derzeitigen Zustand dazu nutzte, um einige Dinge in der geistigen Welt geschehen lassen zu können. Sehr oft sind Träume, die wir sehen können, geistige Erlebnisse, die aus der geistigen Welt heraus inspiriert wurden. Gott nutzt Träume als ein Instrument, durch das er uns relevante Informationen zukommen lassen will. Und ich bete für Sie, liebe Leser, dass ab dem heutigen Tag Ihre Träume mit Offenbarungen des Heiligen Geistes erfüllt sein werden.

In einem weiteren Traum befand ich mich in einem Gebäude mit einer sehr hohen Decke und dort sah ich mit meinen eigenen Augen, wie Bob Jones in einem Rollstuhl saß. Er war sehr dünn und seine Haltung deutete darauf hin, dass er sehr erschöpft war. Nach dieser Eingebung Gottes begann ich mich in meinem Freundeskreis über den Zustand dieses Mannes Gottes zu erkundigen und tatsächlich erhielt ich von jemanden die Information, dass er tatsächlich ein gesundheitliches Problem hatte.

Bald darauf wurden wir in die Region Tula nach Nowomoskowsk zum Dienen eingeladen. Am Abend vor dem Dienst erlebten meine Frau und ich vor dem Zubettgehen eine starke Anwesenheit von Engeln – einer von ihnen sagte: „Es ist Zeit!". Am nächsten Tag flammten die Wunder und Zeichen buchstäblich nur so auf – Menschen wurden von Wucherungen befreit, Schilddrüsenprobleme wurden geheilt, bei denen zuvor sämtliche Behandlungen fehlgeschlagen sind und Gott löste bei einer Frau einen Tumor auf, später erfuhren wir, dass der behandelnde Arzt mehr als überrascht war.

Vor unseren Augen erfolgte eine übernatürliche plastische Chirurgie, bei der sich ein großer Buckel auf der Nase praktisch in Nichts auflöste. Die junge Frau schaute immer wieder in einen Spiegel und bei jedem Blick erkannte sie, wie sich ihre Nase immer mehr und mehr veränderte. Die Nase wurde schmal und anmutig und wurde zum genauen Gegenteil von dem, was sie vorher war!

Preist unseren Herrn Jesus! Gott hält Sein Wort! Wir fanden kleine Goldstücke und -streifen in dem Raum unseres Dienstes – obwohl vor dem Beginn der Veranstaltung der Saal gründlich vorbereitet und gereinigt wurde –

Gott hat Seine Herrlichkeit hier mit offensichtlichen Zeichen bezeugt. Viele Körperteile wurden wiederhergerichtet, beispielsweise wurden ungleichlange Beine ausgerichtet und auch sonst geschahen eine Vielzahl von übernatürlichen Heilungen. Während des Dienstes übertrugen wir die Gebete zu vielen Menschen in verschiedene und teilweise sehr weit entfernte Länder (z.B. Pakistan) per Skype. Und auch hier geschahen, gemäß Gottes Versprechen, viele übernatürliche Heilungen.

Das war die Aktivierung

Nach unserer Rückkehr aus Nowomoskowsk geschahen weiterhin übernatürliche Dinge, es dauerte nur wenige Tage und weitere Wunder explodierten regelrecht vor unseren Augen. Wir waren in unserer Wohnung und meine Frau befand sich gerade im Nachbarzimmer, als sie mich mit aufgeregter Stimme rief. Ich eilte sofort zu ihr, wohl wissend, dass etwas passiert sein musste. Galja – so der Name meiner wunderbaren Frau – berichtete mir von den neuesten Nachrichten auf Instagram: Der Prophet Bob Jones war verstorben; wir schrieben den 14. Februar.

In meinem Kopf begannen sich einige Dinge zu erklären, ich erinnerte mich an all die Momente, Träume und geistigen Erfahrungen der letzten Zeit. Der Heilige Geist brachte mein Verständnis über all die Dinge in eine klare Verbindung. Und tatsächlich wurde einige Tage vor seinem Tod etwas in Gang und freigesetzt, was ich selbst nicht kontrollieren konnte. Ich möchte Ihnen noch einen weiteren einzigartigen Fall in diesem Zusammenhang schildern.

Ein guter Freund aus Israel, der sich ernsthaft in einer prophetischen Salbung bewegt, erzählte mir eine Geschichte. Als er mit seinem Auto unterwegs war, kam die Kraft des Heiligen Geistes über ihn, diese war so stark, dass er nicht mehr in der Lage war das Fahrzeug zu steuern, sodass er an die Seite fahren und warten musste. In dem Moment sprach der Herr zu ihm: „Schreibe deinem Freund Michael, dass in sein Leben etwas Großes und Mächtiges treten wird und er bereit sein soll." Er war Gott gehorsam und teilte mir das Wort des Herrn mit. Dies brachte für mich alles in Übereinstimmung!

Die geistige Welt drückte immer mehr auf mich, bis sie schließlich in jenen Tagen durchbrach, mit meinem Verstand konnte ich all dies nicht greifen und plötzlich bemerkte ich, dass mein Geist 24 Stunden am Tag betete! Beten Sie permanent! Mein Geist glich einem Getriebe oder einem eigenartigen Motor, der in mir in Gang gesetzt wurde. Unabhängig von meinem Verstand lief dieser Motor und er lief und lief und lief. Ich musste mich in keinster Weise um das Gebet bemühen, es lebte durch mich einfach – ich selbst wurde zu diesem

Gebet. Die Kraft Gottes war permanent in mir und weder ich noch jemand anderes konnte sie kontrollieren.

Bald darauf begannen unglaubliche Dinge zu geschehen. Aus anderen Ländern riefen mich plötzlich Menschen an und ich hatte keine Vorstellung, wie sie auf mich kamen. Sie fanden mich sicherlich durch das Internet oder soziale Netzwerke. Sie schreiben: „Wir möchten Sie sehen, wir möchten, dass Sie zu uns kommen!" Als ich mich mit ihnen per Skype in Verbindung setzte, berührte der Herr sie. Bald darauf erhielt ich immer mehr Einladungen aus verschiedenen Gemeinden. Aufgrund der himmlischen Besuche der zurückliegenden Monate konnten tiefgreifende Veränderungen in unserem Leben geschehen. Uns wurde bewusst, dass wir die Könige als die vorherrschende Kraft auf dieser Erde sind. Aber wo ist der Anfang des Ganzen? Das erste Indiz einer Übernatürlichkeit in uns ist ein wiedergeborener Geist. Diese Wiedergeburt ist der Anfang eines übernatürlichen Lebens. Ich möchte, dass Sie nun besonders aufmerksam sind und Ihr Augenmerk auf folgenden Satz richten: Wir sind jetzt Bürger des Himmels!

Ich bete darum, dass jeder Leser die Süße des Herzens Jesu Christi erkennt. Wenn wir diese Süße wie übernatürlichen Honig essen, werden uns die Augen geöffnet werden. Es steht geschrieben: „Wir werden die Herrlichkeit des Herrn schmecken und sehen." Zunächst einmal ist es wichtig, dass wir essen. Rufen Sie sich folgende Schriftstelle in Erinnerung: *Habe deine Lust am HERRN, der wird dir geben, was dein Herz wünscht.* Im Originaltext klingt es in etwa so: *„Genieße und Er wird dir all deine Herzenswünsche erfüllen."*

Wir wurden ursprünglich für den Genuss des Himmels geschaffen, dies war der Schlüssel für ein erfülltes Leben. Dem Teufel gelang es, Adam und Eva durch Betrug zu verführen. Der Feind flüsterte ihnen ein, dass sie noch mehr haben könnten. Noch immer sind die Menschen heute auf der Suche nach Vergnügen, nur leider befriedigen sie dies oft mit Alkohol, Drogen oder Unzucht. Der Mensch sucht nicht bewusst nach Sünde, sondern nach Genuss. Die Sünde ist lediglich das falsche Mittel zur Befriedigung dieses Genusses.

Dafür gibt es nur eine einzige Quelle – Jesus Christus. Er ist der Mittelpunkt des Universums und aller Freude und das ist die Wahrheit.

Kapitel 3

Verlangen und Schätze des Heiligen Geistes

Wie bereits schon im ersten Kapitel erwähnt, fand meine Bekehrung und die Annahme Jesu Christi in mein Herz im Jahre 1989 statt und bereits zu diesem Zeitpunkt spürte ich eine sehr große Berufung Gottes auf mir. Der Schlüssel dazu war mein Verlangen. Wenn Ihnen eine bestimmte Musik, ein Film oder irgendetwas anderes heute gut gefällt, so war der Ursprung dieses Gefallens Ihr Verlangen nach diesen Dingen. Wie begann das Ganze bei mir? Durch Gebet. Die Gaben des Heiligen Geistes sind nicht sofort in voller Stärke verfügbar, aber alles, was Sie brauchen, wurde uns bereits gegeben, wir müssen die Gaben nur entfalten und entwickeln und bei den meisten von uns nimmt dieser Prozess einen großen Teil ihres Lebens ein. So war es auch bei mir, als sich die Ressourcen des Reiches Gottes immer mehr in meinem Leben etablierten. Wie ich schon im vorherigen Kapitel geschrieben habe, begann es zunächst mit einigen Heilungen, aber der Durchbruch erfolgte erst später. Erinnern Sie sich, als im Februar, ein paar Tage vor dem Tod Bob Jones, ich ihn in einem Traum sah, ein Engel an mich herantrat, auf mich zeigte und zu mir sagte: „Du musst die Zeichen und Wunder offenbaren." und „Die Zeit ist gekommen!". Dies war der Beginn meines internationalen Dienstes. Zunächst ging es nur langsam voran und erst später erfolgte der Durchbruch.

Das Problem dabei ist, dass die Menschen dabei nach einer allgemeingültigen Formel suchen. Was bei mir der Fall war, muss nicht auch automatisch bei allen anderen so vor sich gehen. Unsere Berufung führt zu Hunger und Durst nach dem lebendigen Gott. Das Einzige, was ich jedem über den geistigen Hunger sagen kann ist, dass Sie ihn stillen müssen – nähren Sie Ihren Geist. Man braucht Gott nicht darum bitten, dass Er uns unsere Berufung bringt, da in jedem Menschen schon das Potential eines Dieners liegt, wir müssen es nur entdecken. Dabei werden Ihnen folgende Grundsätze helfen:

- Verbringen Sie viel Zeit mit Gott, haben Sie eine ständige Gemeinschaft mit dem Heiligen Geist.

- Bemühen Sie sich von Dienern zu lesen oder zu hören, bei denen Sie lernen können.

- Praktizieren Sie alles, was Ihnen dabei hilft, sich Gott zu öffnen – in Seine Gemeinschaft zu treten.

Als ich noch in jüngeren Jahren war, hörte ich ständig ein Wort in meinem Herzen: Wunder. Zunächst verstand ich nicht, was dies bedeuten sollte, aber bald darauf erhielt ich die Erkenntnis, dass Gott mir versuchte Seinen Willen zu offenbaren: Ich werde mich darin bewegen, Zeichen und Wunder in Seinem Namen zu vollbringen. Mit anderen Worten: Die Gabe Zeichen und Wunder zu tun hatte der Herr schon in mich gelegt, es lag nur an mir, dies auch zu verstehen und zu erkennen. Die meisten Leute denken, dass die Gabe, mit der sie dienen werden, plötzlich und heftig über sie kommen wird. Tatsächlich liegt sie schon in uns verborgen, wir müssen einfach nur anfangen sie zu entwickeln.

Lieber Leser, die Gaben liegen bereits in Ihnen – Streben Sie danach!

Verhalten Sie sich nie passiv Gott gegenüber, verharren Sie nicht bei Ihren Erwartungen. Es gibt eine gute Stelle in der Schrift, die uns zeigt, was der Herr zu Adam, dem ersten Menschen im Garten Eden, gesagt hat: „Bewahre und bebaue!" Das ist es, was wir tun sollen, wir müssen uns um das Anvertraute von Gott kümmern und es pflegen. Dabei gibt es zwei Extreme: Das eine zeigt sich darin, dass ein Mensch gar nichts tut und das zweite darin, dass er alles mit eigener Kraft tun will. Alles beruht auf unserem freien Willen in Gottes Gnade. Dies ist Ihr Teil, lieber Freund, der Herr wird uns niemals etwas aufzwingen. Er zeigt uns lediglich die Wahrheit und erwartet, dass wir sie erwählen.

Wir müssen das tun, wozu uns unser Herz bewegt – Wissen darüber erlangen, immer darüber nachzudenken und uns in diese Richtung bewegen. Selbst wenn Sie zunächst keine Früchte erkennen können, wird Ihr Herz Sie immer in die richtige Richtung führen.

Mir wurde einmal die Frage gestellt, ob alle Gaben, die in einem Menschen liegen. sofort mit seiner Bekehrung wirksam werden. Daraufhin stellte ich eine Gegenfrage: „Sind Sie in der Lage zu zeichnen?" Ich brauche sicherlich nicht extra zu erwähnen, dass eigentlich jeder mehr oder weniger gut zeichnen kann.

Stimmen Sie mir zu? Aber es gibt auch Künstler – Maler, die dies professionell tun. Noch ein Beispiel: Angenommen, Sie können sehr gut singen, andere Menschen wiederum können dies jedoch nicht. Mit anderen Worten will ich damit sagen, dass alle Gaben in uns liegen und sie durch jeden Christen wirksam werden können, aber es gibt eine Gabe, die sehr stark ist und sich nur durch sie persönlich intensiv ausprägen wird. Das ist jene Facette Jesu Christi, die in Ihnen scheinen wird, weil Er es so bestimmt hat.

Sie steht Ihnen regelrechts ins Gesicht geschrieben. Wird ein Mensch geboren, so sind all seine Talente bereits fest in seiner DNA verankert, beispielsweise singen, tanzen oder Instrumente spielen. Aber für die Entwicklung und das Wachstum muss er wissen, wo er sich gerade befindet, wer er ist und was er will.

Entwickelt sich das alles von allein? Wie sollen wir das verstehen? Es gibt gewisse Dinge, denen sich Ihr Herz zuneigt und dann können einige sagen: „Ich mag es nicht zu predigen, aber ich mag die Medizin." Und ja, die Geschenke sind nicht nur auf den Apostel-, Lehr-, Evangelisations-, Prophetie- oder Pastorendienste beschränkt. Wir sind eine Gemeinde – ein Leib und das ist die Fülle dessen, was ein jeder in sich trägt. Ich muss hier erwähnen, dass dieser Leib der fortschrittlichste Bau im ganzen Universum ist und er die gesamte Infrastruktur sowie alle Schichten unserer Gesellschaft beeinflusst. Wenn wir über den Dienst innerhalb der Gemeinde sprechen, so können wir sagen, dass Sie diesen mit Sicherheit auch erkennen werden. Der Herr wird Ihnen Träume senden und bestimmte Verlangen in Ihnen hervortreten lassen und Ihre Berufung wird offenbar werden. Sollte Sie Gott als einen Prediger sehen, so wird Er diese Gabe auch zu Tage treten lassen.

Lassen Sie mich aus meinem Leben noch etwas sagen. Ich kann mich erinnern, dass ich schon als kleiner Junge immer von Zuhörern umgeben war, den Menschen gefiel es in meiner Nähe zu sein. Ebenso hatte ich Gefallen an den ganzen übernatürlichen Dingen. Deshalb möchte ich hier nochmals betonen, dass alles für Ihre Berufung schon in sie gelegt ist.

Wenn Sie wirklich Ihre Berufung erkennen wollen, wird es Ihnen auch nicht schwerfallen diese zu sehen. Ich möchte jeden ermutigen nicht stehen zu bleiben, selbst wenn noch keine Früchte erkennbar sind. Haben Sie acht auf sich selbst und die Lehre. Analysieren Sie das, was Gott Ihnen offenbart. Seien Sie aufmerksam gegenüber Gottes Offenbarungen. Wenn Sie sich beispielsweise selbst im Heilungsdienst sehen können und der Herr Ihnen diese Richtung schon offenbart hat, so halten Sie an dieser Richtung fest und glauben Sie fest daran, dass es Realität werden wird!

Kapitel 4

Heiliger Geist

Er zog mich.

Jesaja 55,6
Sucht den Herrn, solange er sich finden lässt. Ruft zu ihm, solange er nahe ist.

Es gibt Abschnitte in unserem Leben, in denen uns der Herr so nahe ist, dass wir Seine Anwesenheit ständig spüren können. Scheinbar tun wir selbst gar nichts aktiv dafür und trotzdem zieht Er uns immer wieder zu sich. Manchmal tun Sie nicht mal etwas Geistliches und trotzdem kommt der Heilige Geist und berührt Sie sanft und alles ist auf einmal voller Herrlichkeit. Jetzt verstehen Sie mich vielleicht.

Es gibt Zeiten in der Beziehung mit Gott, in denen Er Sie besonders zu sich zieht. So wie der Bräutigam die Braut anrührt, so ruft Er uns zu sich. Im Wort können wir lesen, als die Jünger Jesu im Boot auf dem See Genezareth Ihn auf dem Wasser gehen sahen, wurden ihre Blicke fasziniert auf Ihn gelenkt; es gibt Momente oder Abschnitte unseres Lebens, die Sie sicher schon erlebt haben oder sicher noch erleben werden, in denen Sie das Gewand Jesu Christi ergreifen; wenn Sie es dann vollständig ergreifen, wird Ihnen genau das in Ihrem Leben Halt geben.

Wissen Sie, mir gefallen die Bücher von Autoren am meisten, die das, was sie schreiben, auch wirklich durchlebt haben, Bücher aus reiner Theorie sind trocken und lassen oft Langeweile beim Lesen aufkommen. Über etwas zu schreiben, was man nicht wirklich selbst erlebt, ist kraftlos. Ich liebe es, über meine Erfahrungen und Emotionen mit dem Heiligen Geist zu erzählen. Meine

Theologie ist keine Theorie, sondern sie rührt aus dem täglichen Gang mit unserem Herrn her. Als Jesus mein Herz berührte und mich zu sich zog, lebte ich noch in Israel und befand mich noch in einem Angestelltenverhältnis.

Eine Begebenheit aus dem Leben. Sobald ich morgens aufstand, betete ich. (Diese Gewohnheit habe ich beibehalten und so ist es heute immer noch, nach dem Aufstehen bete ich.) Also begann ich mein Morgengebet vor meiner Arbeit, allerdings spürte ich nach einiger Zeit den inneren Drang, dass ich aller Wahrscheinlichkeit nach nicht zur Arbeit gehen würde. Ich konnte einfach nicht?! Verstehen Sie?! Er zog mich. In Israel nicht auf der Arbeit zu erscheinen, bedeutet, dass man einen nicht geringen Teil seines monatlichen Einkommens verlieren würde, was damals ca. 60 Dollar waren. *Der Herr wird Sie von Zeit zu Zeit prüfen, denn da, wo Ihr Schatz ist, da ist auch Ihr Leben.*

In meinem Kopf überschlugen sich hunderte von Gedanken, was sollte ich tun und vor allem: welche Konsequenzen würde dieses Verhalten mit sich bringen? Ich stellte mir grundlegende Fragen und dabei verstand ich, dass ich meinen Chef anrufen musste und ihn um einen freien Tag bitten musste.

Mein Vorarbeiter war ein grober Mexikaner und am anderen Ende der Telefonleitung ertönte ein barsches: „Ja, ich höre!" Ich sagte: „Hallo Ricardo, ich kann heute leider nicht zur Arbeit kommen." Ein knappes „Warum?" folgte und ich wusste, dass ich auf diese Frage ehrlich antworten musste und zwar so, dass es jeder verstehen konnte. Er fragte: „Was ist passiert?" Ich dachte bei mir: „Ja, was ist eigentlich passiert?" In dem Moment spürte ich einen Schmerz in meinem Rücken und erkannte, dass er wirklich weh tat – also sagte ich: „Rückenschmerzen!" Seine knappe Antwort war ein „In Ordnung." Ich war in dem Moment so erfreut, als ob ein Wunder in meinem Leben geschehen wäre – Halleluja, ich habe heute nicht nur 15 Minuten mit meinem besten Freund, dem Heiligen Geist, sondern den ganzen Tag!

Erstaunlicherweise hatte ich am Ende des Monats trotzdem noch genug Geld übrig, um die Miete bezahlen zu können, es reichte dann zwar bloß noch für Nudeln jeden Tag, aber ich wusste, wo mein Wert lag. Ich werde diesen Tag nicht vergessen. Ich stellte das Geistige über das Materielle, ich riskierte etwas, aber das Ergebnis übertraf alles! Mein Wert lag nicht im Kühlschrank oder in meinem Magen, sondern im Geist und in Gott.

Ich will damit nicht sagen, dass Sie das Gleiche tun sollen, ich sage Ihnen lediglich etwas über die Einstellung in Bezug auf Prioritäten und Werte in einer Beziehung zu Gott, wenn Er Sie zu sich ruft. Einige werden jetzt vielleicht sagen: „Das ist aber nicht meine Art, wenn ich mich leer fühle, dann werde ich Ihn suchen." Wieso sich aber so eine Mühe machen, wenn es so einfach möglich ist, Gottes unerschöpfliche Fülle im Leben erfahren zu können. Wünschen Sie sich nichts mehr als Gott, das ist gleichzeitig so einfach, aber auch so kostbar. Wissen Sie warum Sie auf der Ebene sind, wo Sie gerade sind? Weil Sie sich damit zufriedengegeben haben. Wenn Sie noch nicht genug haben und wenn Sie noch nicht zufrieden sind (tatsächlich ist der Mensch so geschaffen, dass er immer nach vollster Befriedigung sucht), dann ändern Sie etwas. Ein Mensch, der nicht zufrieden ist, wird immer etwas unternehmen wollen, um dieses Zustand zu ändern.

Sagen Sie: „Ich weiß, mein Gott ist mehr! Er hat den Himmel und die Erde geschaffen – alle sichtbaren und unsichtbaren Dinge." Aber was habe ich davon? Ein kleines Gebet vor meiner Arbeit und das ist alles? Ich persönlich bin mit so einem Gott nicht einverstanden! Sie selbst definieren das Ausmaß Gottes in Ihrem Leben.

Wenn in mir eine gewisse Schlaffheit aufkommt, ich nur noch entspannen will und alles nur noch wie ein Film vor mir abläuft, so bitte ich Gott um Durst nach Ihm, so dass ich weder essen noch schlafen will. Ich weiß nicht, wie es bei Ihnen ist, aber ich brenne nach einem unstillbaren Verlangen nach dem Herrn. Sicherlich kann das einige Unannehmlichkeiten mit sich bringen, aber eines sollten Sie in diesem Fall wissen, es wird uns dahin führen, wo es das Wasser des Lebens umsonst gibt – Halleluja!

Die Kraft des Heiligen Geistes.

Auf den Veranstaltungen meines Reisedienstes praktiziere ich oft ein Frage-Antwortspiel; dann kann jeder, der es möchte, mir Fragen über Dinge stellen, die ihn bewegen; interessanterweise stellen mir die Leute oft immer wieder die gleiche Frage: „Ist es wirklich Gott, der diese Wunder bewirkt?"

Es gibt einen einfachen Weg dies herauszufinden – beantworten Sie sich die folgende Frage selbst: Wem geben Sie die Ehre und das Lob für die Wunder? Der Geist Gottes wird immer Jesus Christus verherrlichen wollen. Es steht geschrieben: „Und wenn Er kommen wird – wird Er mich verherrlichen." – sagt Jesus. Oft höre ich auch folgende Frage: Wo steht geschrieben, dass Menschen während eines Gottesdienstes zu Boden fallen? Es steht auch geschrieben, als die Herrlichkeit Gottes den Tempel erfüllte, die Priester den Dienst nicht mehr verrichten konnten. Erinnern Sie sich?

1 Kön. 8,11 (Luther 2017)
…sodass die Priester nicht zum Dienst hinzutreten konnten wegen der Wolke; denn die Herrlichkeit des HERRN erfüllte das Haus des HERRN.

Hier ist die Rede davon, dass die Priester nicht hinzutreten konnten, sie konnten nicht mehr stehen, das heißt, dass sie höchstwahrscheinlich lagen. Wenn wir beten, dann saugen wir die Kraft des Geistes regelrecht in uns ein. Wir können auch im Wort nachlesen, dass die Kraft, welche durch unseren Herrn Jesus Christus wirkte, nach einem Gebet besonders stark war. Es ist deutlich erkennbar, dass Jesus viel Zeit mit dem Vater verbrachte, um anschließend zu den Menschen zu gehen, um ihnen dienen zu können.

Auch als Jesus im Garten Getsemani betete, hatte er eine intime Gemeinschaft mit dem Vater. Als schließlich die Soldaten kamen, um ihn zu verhaften und fragten: „Wo ist Jesus von Nazareth?" – als Er antwortete: „Ich bin es!" kam Salbung vom Wort des Vaters aus Seinem Mund, was die Soldaten zu Boden fallen ließ.

Ebenso war es am Tag der Ausgießung des Heiligen Geistes, als die Menschen behaupteten, die Apostel hätten süßen Wein getrunken; das mag sein, aber dabei handelte es sich nicht um irdischen Wein, sie wurden mit etwas viel Wertvollerem erfüllt – sie wurden mit der Kraft des Heiligen Geistes berauscht. Halten Sie sich immer vor Augen, dass der Teufel für alles eine Fälschung hat; aber wir wissen, dass es den reinen, unverfälschten und glückselig machenden Wein nur vom Gnade bringenden Heiligen Geist gibt.

Er ist nicht irgendein Abklatsch – nein Er ist der Geist Gottes. Wenn Sie die Werke Gottes tun wollen, dann müssen Sie zu 100% gehorsam sein. Dieser Gehorsam beinhaltet nicht nur die Ausführung der uns übertragenen Aufgaben, vor allem erwartet dieser Gehorsam von uns, dass wir gegenüber Seinen Anstößen und Seinen Wünschen offen sind.

Was Sie erwarten, das werden Sie auch erhalten.

Erinnern Sie sich, wir haben bereits darüber gesprochen, dass Ihre persönliche Erwartung eine Grundlage für die Wunder in Ihrem Leben ist. Unsere Erwartung sollte nicht von der Teilnahme an Konferenzen, Schulungen oder anderen Meetings geweckt werden. Wir sollten uns zu jeder Sekunde in solch einem Zustand befinden, denn Gott wandelt mit uns hier auf dieser Erde. Er ist bei jedem von uns – gerade jetzt in diesem Augenblick! Gott ist Geist, den Sie nicht sehen können, aber Sie können Ihn fühlen.

Von Anfang an war es sein Plan, dass die Völker Gott suchen und auf ihn aufmerksam werden sollten und ihn finden würden - denn er ist keinem von uns fern. (Apg. 17,27)

Schon vor langer Zeit hat Jesus für die Schuld aller Menschen bezahlt, unsere Aufgabe besteht lediglich darin dies im Glauben zu prüfen und für uns in Anspruch zu nehmen. Ein gutes Beispiel dafür sind die Apostel, als Gott ihnen die Zusage für die Verheißung des Heiligen Geistes gab. *Die Frage ist dabei nicht, ob der Herr diese Verheißung schon erfüllt hat oder nicht, natürlich hat Er sie schon erfüllt. Die Frage ist: Haben Sie die Verheißung für sich schon empfangen? Die Apostel wussten um das Versprechen von Jesus und daher blieben sie in einer Erwartungshaltung. Für uns hat sich diesbezüglich nichts verändert. Nur Ihre aktive Erwartungshaltung bringt die Realität des Himmels in Ihr Leben….*

Die Kraft des Kreuzes.

In diesem Abschnitt möchte ich Ihnen die Fülle dessen zeigen, was Jesus am Kreuz für uns getan hat. Das Erste, was Er uns durch das Kreuz gab, was Sein Blut, was Er für alle vergossen hat. Das Blut Jesus bedeckt unsere Sünden und zerstört den Fluch in unserem Leben. Als Zweites litt Er mit Seinem Körper, Er wurde misshandelt und mit Nägeln durchbohrt – eine Verheißung für unsere Gesundheit – **durch Seine Wunden sind wir geheilt. Das Dritte – Seine Krone.**

1 Mo. 3,17-18

Und zu Adam sprach er: »Weil du auf deine Frau gehört und von der verbotenen Frucht gegessen hast, soll der Ackerboden deinetwegen verflucht sein. Dein ganzes Leben lang wirst du dich abmühen, um dich davon zu ernähren. Dornen und Disteln werden auf ihm wachsen, doch du musst dich vom Gewächs des Feldes ernähren.

Bitte beachten Sie, dass hier die Rede von Dornen ist, das, woraus die Krone Jesu Christi bestand, es soll das symbolisieren, wovor Er uns verschont hat. Er verbannte damit alle Flüche von unseren Köpfen.

Christen leben oft mit der Lüge in ihrem Herzen, dass sie zwar die Gnade der Vergebung empfangen haben, aber mit Krankheiten leben müssten. Der Teufel sagt zu ihnen: „Es ist ok, komm mit diesen Leiden zurecht." Aber wenn Sie die Wahrheit wissen wollen, werden Sie erfahren, dass Sie geheilt werden können und sich alles ändern kann. Schauen Sie auf das, was Jesus getan hat – er nahm alle Flüche der Armut, der Krankheit usw. auf sich.

Das Vierte schließlich war Seine Kleidung, die Er am Kreuz gab. Er gab sie, damit wir durch Sein Elend bereichert werden.

Das also sind die vier Dinge, durch die wir die Fülle Jesu erfahren haben. Das Einzige, was der Feind tun kann, ist Ihnen Gedanken zu senden, die die Macht haben Ihnen zu schaden. Wie können wir uns vor diesen Täuschungen bewahren? Wir müssen lernen unsere Gedanken zu kontrollieren und mit unserem Geist ständig mit dem Himmel verbunden sein und uns immer die Dinge in Erinnerung rufen, die Jesus für uns am Kreuz gab. So vielemal verwendete Paulus den Begriff „in Christus": Lassen Sie sich einhüllen, bekleiden Sie sich mit Ihm, bergen Sie sich in Ihm, das heißt, ziehen Sie sich vollständig mit ihren Gedanken und Ihrem Glauben in Ihn zurück.

Durch Gebet gelangen Sie dorthin. *Gebet ist kein Akt – Gebet ist ein Zustand. Für ein besseres Verständnis lassen Sie mich Ihnen ein kleines Beispiel geben. Reben hängen an einem Zweig – sie sind mit ihm verbunden und dies ist ihr natürlicher Zustand, durch den Zweig ist die Rebe mit dem Baum verbunden, von dem sie ständig ihre Kraft und ihre Nahrung bezieht. So verhält es sich auch mit den Kindern Gottes. Wir sind auf ewig mit Ihm verbunden, sowohl im Tod als auch in der Auferstehung. Aus dieser Erkenntnis heraus werden Sie immer in allen Bereichen Ihres Lebens erfolgreich sein.*

Halten Sie Ihren Fokus auf Jesus Christus!

Über geistige Manifestationen.

Manchmal werde ich gefragt: „Was ist mit diesem Bruder oder dieser Schwester los? Sie beten für ihn und er fällt auf den Boden und sein Körper beginnt zu zucken oder zu zittern. Was können Sie dazu sagen?" Lassen Sie es mich auf die Art erklären, wie der Herr es mir offenbart hat.

Während meines Dienstes in den verschiedensten Gemeinden kam es oft dazu, dass Menschen unter der Kraft des Heiligen Geistes zu Boden fielen oder auch einfach „erstarrten". Wenn Sie solche oder ähnliche ungewöhnliche Dinge sehen, so lassen Sie sich nicht vorschnell zu einem falschen Urteil hinreißen. Ich persönlich werde Sie nicht verurteilen, wenn Sie sich während eines Dienstes zu einer vorschnellen Äußerung über das Wirken des Heiligen Geistes verleiten lassen. Im Gegenteil, ich werde Ihnen dabei helfen Ihre Denkweise in die richtige Bahn zu lenken. Vielleicht kann es sein, dass Sie nur etwas noch nicht ganz verstehen.

In Ihrem Leben – und vor allem in Ihrem Leben als Christ – gab es sicherlich den einen oder anderen Moment, in denen sie falsch verstanden oder sogar vielleicht getadelt wurden. Also bin ich nicht gern in solch einer Situation und Sie sicherlich auch nicht.

Äußerliche Erscheinungsformen sind nicht gerade der bestimmende Faktor in Bezug auf geistige Erfahrungen. Mich persönlich interessieren viel mehr die daraus resultierenden Veränderungen im Leben dieser Menschen, das heißt mir sind die Resultate und die Früchte wichtig.

Schauen Sie mal, in der Bibel wird die eher ungewöhnliche Zubereitung eines Fladenbrotes im Buch des Propheten Hesekiel (Kapitel 4, Vers 12) beschrieben. Manchmal versuchen wir Gottes Wirken durch unseren nicht einhundert prozentig funktionierenden Verstand zu verstehen. Fakt ist, um zu 100% richtig entscheiden zu können, ob ein Handeln von Gott herrührt oder nicht, benötigen wir so ein Gehirn, wie Adam es vor dem Sündenfall besessen hatte. Da wir aber nicht über solch einen Verstand verfügen, fordere ich Sie auf nicht zu urteilen, sondern zum Herrn zu sagen: „Herr, ich verstehe nicht, was hier vor sich geht, aber du bringst auf alle Fälle Segen." Anders ausgedrückt: Es ist vonnöten, dass wir uns auf die Resultate und nicht auf die Erscheinungsformen, die einem Menschen wiederfahren, konzentrieren, wenn er durch den Heiligen Geist berührt wird und so etwas in ihm in Gang gesetzt wird.

Unser Herr Jesus sagte einst: An den Früchten werdet ihr erkennen. (Mt. 7,20) und deshalb sind für mich in erster Linie das Resultat und nicht die äußeren Erscheinungen wichtig.

Geistessprachen.

Sehr oft wird mir die Frage gestellt, wie man Gott hören kann. Lassen Sie uns zunächst einmal klarstellen, dass die Stimme Gottes nicht ein lautes donnerndes Geräusch ist. Oft erwarten aber die Leute genau solche eine Art von Kommunikation – so etwas passiert aber nur in den allerseltensten Fällen.

Die Stimme Gottes – *dient der Übertragung von Informationen. Auf welchem Wege? Durch die Sprache des Geistes. Wenn Sie diese Sprache regelmäßig hören wollen, dann pflegen Sie eine Beziehung zum Heiligen Geist, verbringen Sie im Geist: „Wer Ohren hat der höre, was der Geist der Gemeinde zu sagen hat." Es ist leichter als Sie denken, Sie bedürfen nur des Wunsches und der Bereitschaft den Geist hören zu wollen. Nehmen Sie sich bewusst jeden Tag für die Kommunikation mit dem Heiligen Geist Zeit. Je vertrauter Sie mit Ihm werden, desto offener werden Ihre Ohren für Sein Reden sein.*

Oft werde ich auch gefragt, wie der Heilige Geist spricht. Seine Stimme ertönt von innen aus Ihrem Geist heraus oder von einem Propheten, der von Gott inspiriert wurde.

Dabei möchte ich einen wichtigen Aspekt anmerken. Ein Prophet bestätigt Ihnen lediglich das, was Gott schon einmal in Sie gelegt hat, so als ob er es noch einmal hervorholen würde. Genau die Information, die Gott für Sie freisetzen möchte, wird in diesem Moment aus Ihrer Seele in Ihren Geist vordringen, sodass Ihr Geist entsprechend reagieren wird und Sie eine innerliche Bestätigung der Worte erhalten werden.

Sollten in Ihnen gute und schlechte Gedanken gleichzeitig aufkommen, so sind in diesem Augenblick beide Mächte am Werk – Engel und Dämonen. Wie können wir diese Gedanken filtern? Für solche Fälle haben Sie einen Wächter Ihrer Gedanken – Ihren Geist. Bei einem Wort vom Herrn wird er aktiv werden und sich mit dem Gesagten auseinandersetzen, Sie werden spüren, wie er hervortritt und Ihnen Sicherheit geben wird. Bei Worten vom Teufel ist es genau umgekehrt, auch wenn sich die Botschaft noch so verführerisch anhört, wird sich ihr Geist zurückziehen und Sie werden merken, wie ein unangenehmes Gefühl der Verlegenheit und des Widerstandes in Ihnen aufkommt.

Sprechen Sie mit einem Engel, wird dies Ihnen der Geist sofort bestätigen und Sie werden Freude verspüren. Auf diese Art findet eine Kommunikation mit Engeln statt und Sie müssen wissen, dass die Engel die Möglichkeit haben mit uns zu sprechen.

Apg. 8,26
Zu Philippus aber sagte ein Engel des Herrn: »Geh nach Süden auf der einsamen Straße, die von Jerusalem nach Gaza führt.«

Die Schrift ist voll von Beispielen dieser Art.

Auf welche Weise der Geist Ihnen letztendlich Gewissheit geben wird – durch eine Vision, durch das Wort, durch Träume oder einen Seinen Diener – erfahren Sie nur, wenn Sie eine vertrauensvolle Beziehung mit Ihm pflegen. Darüber hinaus wird Gott auch durch Ihre geistige Familie, Ihren Brüdern und Schwestern zu Ihnen sprechen und Er tut das mitunter sogar durch ungläubige Menschen. Ich möchte nochmals betonen, dass Sie nur durch den Geist erkennen können, ob der Herr zu Ihnen spricht oder nicht.

Eine Begebenheit aus dem Leben. Als ich noch in Israel lebte, hatte ich einen Termin bei einer Bank. Zu diesem Zeitpunkt war ich ein wenig verwirrt und auch verärgert, da meine finanzielle Situation sehr zu wünschen übrigließ. Am Eingang der Bank saß ein Obdachloser, der mir in russischer Sprache zurief: „Hey Bruder alles wird in Ordnung kommen – Bruder alles kommt in Ordnung." In meinem Herzen stach es und Selbstmitleid kam in mir auf, dabei dachte ich: „Na toll, jetzt trösten dich schon die in Lumpen gekleideten Obdachlosen…" Im selben Moment wurde mir aber schlagartig bewusst, dass

der Heilige Geist auf diesen Menschen herabkam und diese Worte zu mir sprach
Wenig später bekam ich eine SMS, in der mir mitgeteilt wurde, dass mich ein
Mensch mit 1000 $ gesegnet hatte. Alle Ehre sei Dir Jesus!

> *Wenn Sie etwas haben wollen, was andere nicht haben (in diesem Falle die Stimme des Geistes zu hören), dann fangen Sie an Dinge zu tun, die die Anderen nicht tun.*

Wenn Sie genauso wie der Großteil aller Menschen werden, so wird Ihr
Leben zur Mittelmäßigkeit und Langeweile verdammt sein. Sie müssen den
Durst nach etwas Neuem verspüren, wenn Sie nicht mit dem zufrieden sind was
Sie haben oder was Sie sind. Alles beginnt mit dem Wunsch nach Veränderung...

Ich möchte noch eine Geschichte, die Ihre Aufmerksamkeit verdient, mit
Ihnen teilen. Ich bin davon überzeugt, dass dieses Beispiel Ihnen dabei helfen
wird, empfindsamer der Stimme Gottes gegenüber werden zu können. Es ist
wichtig das freizusetzen, was Gott Ihnen offenbart.

Eine Begebenheit aus dem Leben. Auf einer meiner Reisen nach Deutschland
sprach der Herr zu mir, dass sich etwas Gewaltiges wie ein Orkan manifestieren
wird. Zu diesem Zeitpunkt war ich ein junger Diener Gottes und stand noch am
Anfang meines Dienstes. Aufgrund des enormen Druckes, der auf einem lastet
wenn man Worte aus dem Himmel freisetzen soll, proklamierte ich in meiner
Unerfahrenheit nur den Teil mit dem Orkan. Was ich dann später vor Gott
bereute, denn als ich die Stadt nach meinem Dienst verließ, brach ein so starker
Sturm los, dass sogar einige große Bäume umstürzten.

> *Damit will ich zum Ausdruck bringen, dass es enorm wichtig ist, genau das wiederzugeben, was Gott durch uns vermitteln will. Wir sind Seine Gesandten, die Botschafter Gottes und jedes einzelne Wort aus dem Himmel verfolgt ein Ziel, dessen Erreichung wir nicht verhindern dürfen.*

Kapitel 5

Salbung

Bevor wir uns nun diesem breit gefächerten Thema zuwenden, möchte ich zunächst Ihre Aufmerksamkeit auf die Bedeutung des Wortes „Christ" lenken. Das Wort „Christ" leitet sich aus dem Wort „Salbung" ab. Ein Christ ist ein Mensch, der Christus widerspiegelt. Dies ist sein Wesen und folglich auch seine Salbung. Wenn Sie ein Christ sein wollen, dann müssen Sie nur die Salbung tragen, die eine Antwort auf die Fragen dieser Welt in sich trägt. Wissen Sie, warum Menschen in eine Gemeinde kommen? Sie finden dort (normalerweise) die Antworten auf ihre Probleme, die sie in der Welt nicht finden können. Sie erhalten – woher auch immer – die Information, dass es dort einen Gott gibt, der die Lösung ihrer Probleme darstellt. Sie sagen sich vielleicht: „Dort gibt es den allmächtigen Gott, ich werde dorthin gehen und schauen, ob er eine Antwort weiß!" Finden die Menschen allerdings keine Antworten auf ihre Fragen, so werden sie unweigerlich wieder in die Welt zurückkehren. Salbung ist jenes Element, welches die Antworten und das Reich Gottes im Leben eines Menschen trägt.

Jes. 60,1

Steh auf und leuchte! Denn dein Licht ist gekommen und die Herrlichkeit des Herrn erstrahlt über dir.

Jerusalem, mein treuer Leser, ist eine Gemeinde – Seine Gemeinde! Sie ist Seine kostbare Braut, für die Er Sein Blut vergossen hat, für die Er gebüßt hat, die Er gereinigt hat und der Er schon die weißen Kleider angetan hat. Es ist auch der Ort, an dem das Salz zu finden ist – die guten Dinge, aber wenn das Salz seine Kraft verliert und es somit unbrauchbar wird, so wird Er es hinaus in die Finsternis werfen. (vgl. **Mk. 9,50**)

Einst offenbarte mir der Heilige Geist den Zusammenhang zwischen dem Salz und Seiner Gemeinde. Lassen Sie uns die Begriffe im Zusammenhang mit der ursprünglichen Bedeutung aus dem Hebräischen in Verbindung setzen:

Christus – Messias (Maschiach) | der Gesalbte

Christ – Maschichim

Salbung - Maschicha

Das ist doch interessant, oder? Der Wortstamm ist immer der Gleiche. Was macht einen Gesalbten nun gesalbt? Ja natürlich – die Salbung. Wie Sie ja bereits auch wissen, gibt es Menschen, die errettet sind, aber keine wirklichen Christen sind. Wie wir an den zuvor gezeigten Worten erkennen können, leitet sich „Maschiach" und „Maschichim" aus dem Wortstamm „Schicha" (was für Salbung steht) ab und deswegen stehen *Salbung* und *Christ* in einem Zusammenhang.

Was meinen Sie – war Jesus in den dreißig Jahren seines Lebens, bevor Er Seine Aufgabe hier auf der Erde erfüllte, immer ein Gesalbter? Nein, zu dieser Zeit war Er nicht Christus, Er war Jesus, ein jüdischer Tischler – Er war der Sohn Gottes, aber noch nicht Christus. *Ich möchte hier eine Parallele zwischen Ihm und uns ziehen, damit in unserer Denkweise etwas klarwerden kann, nämlich das, dass es errettete Menschen gibt, diese aber bedauerlicherweise nicht gesalbt sind.*

Es gibt zwei Etappen. Im Wort können wir das genau nachverfolgen. Erster Schritt: Als Jesus von den Toten wiederauferstanden war und zu Seinen Jüngern zurückkehrte, sie anhauchte und zu ihnen sagte: „Empfangt den Heiligen Geist!" Haben sie Ihn angenommen? Natürlich haben sie das – aber wurden sie in diesem Moment auch gesalbt? Nein – und deswegen ist ein Mensch nicht automatisch gesalbt, nur weil er den Heiligen Geist annimmt. Die Salbung kann unterschiedlich stark sein und sich auch entwickeln, aber eines kann ich Ihnen versichern: Bei einem Gesalbten wird sich die Salbung immer offenbaren.

Salbung ist eine einzigartige Eigenschaft des Heiligen Geistes, die in einem Menschen sein kann. Die Schrift weist darauf hin:

Jes. 60,3

Und die Völker werden zu deinem Lichte ziehen und die Könige zum Glanz, der über dir aufgeht.

Es ist offensichtlich erkennbar, dass Salbung Menschen anzieht. Der zweite Schritt, welcher in der Apostelgeschichte nachzuverfolgen ist, ist jener, dass Jesus die Jünger aufforderte „Jerusalem nicht zu verlassen" – bis sie die Kraft von oben empfangen haben. Dabei ist im achten Vers des ersten Kapitels der

Schlüssel zu finden: *„Aber wenn der Heilige Geist über euch gekommen ist, werdet ihr seine Kraft empfangen"* Und was wird dann geschehen? *Dann werdet ihr den Menschen auf der ganzen Welt von mir erzählen … ja bis an die Enden der Erde.«*

Die Bedeutung dieses Verses wird noch deutlicher, wenn wir die Aussage in das Gegenteil verkehren: *„Wenn der Heilige Geist nicht über Sie kommt, werden Sie Seine Kraft nicht empfangen."* – dann werden wir erkennen, dass wir ohne Seine Kraft kein Zeugnis von Jesus geben können. (Wir können über Jesus Christus erzählen, aber wir können kein wirksames Zeugnis von Ihm sein.)

> *Wir können nur ein Zeugnis Jesu Christi sein, wenn wir mittels Seiner Kraft Zeichen und Wunder vollbringen.*

Wenn die Apostel, ohne das Herabkommen des Heiligen Geistes abzuwarten, von Jerusalem ausgezogen wären, wären sie in ihrer Mission gescheitert. Sie hätten Jesus lediglich bezeugen können, obwohl sie alles über Ihn wussten und jeden Tag über drei Jahre mit Ihm zusammen waren.

Sie wurden jedoch ein Zeugnis, auf das der Geist herabgekommen war und somit konnte Er folgendes mit ihnen tun: Er belebte die Botschaft, die durch Jesus Christus (das Wort) kam und das Wort wurde in ihnen lebendig, als die Verschmelzung mit dem Heiligen Geist erfolgte. *Das heißt für uns also, dass die Salbung uns die Macht verleiht ein Zeugnis Jesu Christi zu sein.*

Eine Begebenheit aus dem Leben. Mein Großvater war Jude und als ich eines Tages nach Hause kam, lag mein Neues Testament auf der Treppe verstreut. Wir waren uns immer mehr und mehr uneins über die Dinge geworden, die mit mir vorgingen, daher wollte er auch nichts über Jesus hören, da sich diesbezüglich unsere Sichtweisen sehr unterschieden. Diese Zeit war nicht einfach für mich, aber genau dort bekam ich einen sehr wertvollen und wichtigen Gedanken vom Heiligen Geist: *„Rede mit den Menschen nicht **über** Jesus – **zeige Jesus!**"*

Eine Begebenheit aus dem Leben. Einst betete ich für eine israelische Frau auf Russisch, was sie nicht verstand. Vierzig Minuten später kam sie zu mir gelaufen und fragte mich ganz aufgeregt: „Was haben Sie getan? Was ist passiert?" Sie hatte Heilung erhalten und ihr Erstaunen kannte keine Grenzen mehr, sie rief immer wieder laut: „Ich habe keine Schmerzen mehr – Ich habe keine Schmerzen mehr!"

Dies war der Moment, in die ich die Chance ergriff Jesus zu bezeugen, daher sagte ich ihr: „In mir fließt das Blut eines Juden, aber ich glaube an Jesus Christus!" Die Frau war sehr überrascht über meine Aussage, sagte mir aber auch gleichzeitig, dass ich unbedingt damit fortfahren solle, den Menschen zu helfen. In einem Moment änderte sie ihre Sichtweise auf Jesus – stellen Sie sich vor, sie hatte Heilung erfahren und übernatürliche Dinge erlebt.

Die Menschen müssen die Wunder sehen. Nun mag der eine oder andere sagen: „Was ist das für eine treulose Generation, die nach Zeichen fordert?!" – schauen Sie, wem Jesus das sagte – wollen Sie wirklich in Betracht ziehen, sich so zu sehen?

Er sagte diese Worte zu Menschen, die ständig damit beschäftig waren Ihn zu versuchen, die zwar sagten: „Wir wissen, dass Du von Gott gekommen bist." aber kein aufrichtiges Herz hatten.

Über Jesus Christus zu erzählen und Ihn zu zeigen sind zwei verschiedene Dinge. Es ist nicht mehr die Zeit, in der man mit einer Gitarre in der Hand unter irgendeiner Unterführung Traktate verteilt; diese Art der Verbreitung des Evangeliums funktioniert nicht, wir haben etwas weitaus Größeres zu zeigen.

In meinem Zimmer, in dem ich damals in Israel lebte, klebten überall kleine Zettel mit Bibelstellen, es waren sehr viele; darüber hinaus hatte ich auf ein Blatt Papier einen Vers geschrieben, den ich mir an die Decke heftete:

Apg. 1,8
Aber wenn der Heilige Geist über euch gekommen ist, werdet ihr seine Kraft empfangen. Dann werdet ihr den Menschen auf der ganzen Welt von mir erzählen - in Jerusalem, in ganz Judäa, in Samarien, ja bis an die Enden der Erde.

An jedem Morgen sah ich beim Aufstehen auf diesen Vers, dachte darüber nach und sog ihn regelrecht in mich ein. Früher oder später wird man zu dem auf das man ständig schaut – dieses Prinzip verstand ich sehr gut.

Seitdem ist viel Zeit vergangen, aber der Vers ist bis heute in mir lebendig und der Herr hat mir jetzt einen internationalen Dienst gegeben. Dieser Dienst bezieht sich nicht nur auf das ledigliche Predigen des Wortes zur Errettung der Sünder, sondern er geschieht in der gleichen Kraft, wie in **Apostelgeschichte 1,8** beschrieben steht. Nehmen Sie diesen Schlüssel an sich. Proklamieren Sie die Wahrheit Gottes für sich, lassen Sie sie durch die Erkenntnis des Wortes ein Teil von sich werden.

Zurück zum eingangs erwähnten Thema. Als Salinität bezeichnet man den Salzgehalt eines Körpers oder einer Flüssigkeit – Salbung ist die zu Tage tretende Kraft eines Gesalbten (oder eines Christen). Verstehen Sie bitte, dass, wenn die Gemeinde ihre Salbung verliert, niemand mehr zu ihr kommen wird und sie nur noch verächtlich betrachtet werden wird. War es bei den Aposteln in den Tagen der ersten Gemeinde nicht genauso?! Ja, sie wurden verfolgt, aber in einem ganz anderen Zusammenhang. Es steht geschrieben, dass die Furcht des Herrn auf dem ganzen Volk ruhte. Als Hananias und Saphira die Gemeinde versuchen wollten, wurden sie dafür mit dem sofortigen Tod bestraft. Eine Gemeinde ohne Salbung ist wie ein Auto ohne Benzin. Die Kraft des Heiligen Geistes und eine Beziehung zu Ihm sind der Schlüssel dazu.

Wissen Sie, warum der Teufel seit über 2000 Jahren versucht das Zungengebet aus den Gemeinden zu verbannen? Weil es Ihnen sehr große Kraft gibt! Das griechische Wort dafür lautet *„dynamis"* was so viel wie *„Kraft"* bedeutet– das haben Sie sicherlich schon das eine oder andere Mal gehört. Aber dieses Wort hat auch noch zwei andere Bedeutungen: erstens *„Dynamit"* (etwas Explosives) und zweitens *„Dynamo"* (etwas, woraus eine Kraft hervorgeht – dies beschreibt auch die Kraft Gottes).

1 Kor. 4,19-20

Aber ich werde kommen - und zwar schon bald -, wenn der Herr es mir erlaubt, und dann werde ich erfahren, ob diese Leute nur Schwätzer sind oder ob sie wirklich die Kraft Gottes haben. Denn das Reich Gottes besteht nicht durch die Worte, mit denen man davon erzählt, es lebt durch die Kraft Gottes.

Christentum ist keine Religion – Christentum ist das Reich! Ein Königreich manifestiert sich nicht in bloßen Worten, sondern in der Kraft Gottes!

Wo befinden wir uns heute mit ihr? Jedenfalls nicht dort, wo sich die Apostel und Jünger der ersten Gemeinde Jesu bei der Begründung des Christentums befanden; damit wir zumindest auf das gleiche Level wie sie gelangen können, müssen wir in der Kraft wandeln, in der sie einst gewandelt sind.

Ein Dynamo ist ein Gerät, welches mechanische Energie in elektrische Energie umwandelt. Das ist eine starke Offenbarung, denken Sie darüber nach.

Beten Sie unentwegt weiter in Zungen – denn das ist das Tor zum Himmel, durch das sich das Reich Gottes in Sie ergießen wird. Ein nicht erneuerter Verstand ist der Hauptfeind des Geistes, er wird ständig versuchen gegen alles geistige und Übernatürliche anzukämpfen und es dem Geist nicht gestatten uns freizusetzen. Wenn Sie in Zungen beten, dann denken sie dabei in erster Linie nicht darüber nach (oder konzentrieren Sie zumindest Ihren Geist auf den Himmel), denn nur so werden Sie es den Elementen des Himmels ermöglichen sich freizusetzen. Der Teufel ist sich dieser Tatsachen ständig bewusst und vergisst das auch nicht. Deshalb traf das Gebet in Zungen in der Geschichte des Christentums immer wieder auf heftigen Widerstand. Lieber Freund, ich möchte Sie bitten für eine Woche zumindest 30 Minuten am Tag auf Zungen zu beten. Sie werden sofort deutliche Resultate auf geistiger und physischer Ebene verspüren.

Sicher haben Sie schon bemerkt, dass ich alles, worüber ich spreche, schon selbst in meinem persönlichen Leben erfahren habe – ich bin kein Theoretiker. Alles, worüber ich lehre, hat in meinem Leben Wirkung gezeigt und wenn es bei mir geholfen hat, so wird es auch bei anderen Kindern Gottes etwas bewirken. Das Christentum lebt und bewegt sich durch Taten – verstehen Sie? Aber seien Sie vorbereitet – sobald Sie den Entschluss treffen Ihr Leben zu verändern, werden sofort alle möglichen Umstände auftreten, die Sie davon abhalten wollen. Der Teufel weiß, dass Ihr Entschluss ihm große Schwierigkeiten bereiten kann und er weiß auch, was er für Verluste dadurch erleiden wird, deshalb wird er versuchen Ihnen Ihre Entschlusskraft zu rauben.

Aus diesem Grund müssen wir wieder salzhaltiger werden, wir müssen zurück zu unserer Salbung finden! Aber dies muss unser absoluter Wunsch sein. Warum? Wenn Sie sich damit zufriedengeben, was Sie derzeit haben oder was Sie schon erreicht haben, dann lassen Sie mich Ihnen folgendes sagen: Ihre Zufriedenheit wird Ihre Weiterentwicklung bremsen oder sogar stoppen. Sollten Sie sich an so einem Punkt befinden, so beten Sie zum Herrn, dass Er in Ihnen den Durst und die Leidenschaft weckt, in Christus weiter wachsen zu wollen.

> *Und ich selbst bemühe mich immer wieder den Gipfel dieser Leidenschaft zu erreichen, wenn das Gebet mich voll und ganz erfüllt und durch mich fließt, werde ich damit nicht aufhören. Das Gebet ist lediglich ein Mittel – die Erfüllung ist Christus.*

Der Herr ist die Süße und ich liebe es, wenn Er sich in unserer Realität manifestiert. Dies geschieht immer wieder auf meinen Diensten, während eines Treffens in Kiew passierte dieses wunderbare Ereignis gleich drei Mal, dass der süßliche Geruch Gottes den ganzen Saal erfüllte. Mir gefällt es außerordentlich, wenn solch eine Demonstration des Reiches Gottes erfolgt. Ich möchte Ihnen versichern, dass es völlig normal ist, den Herrn um solche Manifestationen zu bitten. Alles was Sie heutzutage brauchen, alles, was für Sie benötigen, können Sie bei Ihm erbitten – bitten Sie und es wird Ihnen gegeben werden.

Mt. 7,7
Bittet, so wird euch gegeben…

Von Seinem Leib werden Ströme lebendigen Wassers fließen.

Lassen Sie uns zur Veranschaulichung dessen das Beispiel einer Ehe betrachten. Man kann eins sein und trotzdem keine Beziehung zu seiner Familie haben – sie wissen, was ich meine?

Ja, Sie leben in einem Haus oder einer Wohnung zusammen, aber dabei müssen Sie sich trotzdem immer wieder bemühen die Nähe zueinander zu finden. „…Ich bin bestrebt ihr Zufriedenheit zu geben, ich suche danach, wie ich ihr näherkommen kann, sie ist interessant für mich und ich bin an ihr interessiert." Warum? Weil eine eheliche Beziehung weitaus mehr ist, als nur zusammen zu wohnen. So ist es auch mit dem Geist; es ist viel mehr Ihm ganz nah zu sein, als nur bloße Gemeinschaft mit Ihm zu haben.

Ich weiß, dass dies möglich ist, einer meiner Unterrichte heißt auch: „Die Offenbarung der Sohnschaft Gottes" (worüber ich im weiteren Verlauf des Buches noch etwas mehr schreiben werde), in der ich folgende Botschaft vermittele: Ich glaube, dass es Menschen geben wird, die schon vor der Ankunft Jesu Christi in einem verherrlichten Körper leben werden.

Es steht geschrieben: „…damit das Sterbliche verschlungen werde von dem Leben." (1 Kor. 5,4 – Luther) und der Herr fragte mich: „Was ist das Leben?" Mir wurde eröffnet, dass das Leben in uns ist und es steht geschrieben, dass aus Seinem Bauch (Seinem Inneren) Ströme lebendigen Wassers fließen werden. Quellen diese Ströme heraus, so werden sie Ihren Körper erfassen und ihn verwandeln, mit anderen Worten: Ihre physische DNA wird verändert werden. Dann wird die Übernatürlichkeit sich in unserer Realität offenbaren und Ihr Körper wird auf dieser Erde schon verherrlicht sein. Jesus hält auch heute immer noch die Schlüssel der Hölle und des Todes in Seinen Händen.

Beachten Sie, die Schlüssel hat nicht der Teufel, sondern Jesus! Einige Menschen denken leider wie folgt falsch: „Ich werde die Erde bald verlassen, der Tod wird mich erlösen." Aber ist der Tod wirklich der Erlöser? Der Tod ist der Feind und die Leute tun so, als ob er die Rolle Jesu Christi übernehmen würde. Ich denke, dass so eine Sichtweise verrückt ist. Ich habe einen Freund in Südafrika und er hat mir berichtet, dass es Menschen gibt, die schon 200 Jahre alt sind – und das zu unserer heutigen Zeit, stellen Sie sich das mal vor. Die Hände dieser Menschen glänzen und nicht nur das, sie sind teilweise sogar durchsichtig. Nicht wirklich, oder? Überrascht Sie das jetzt? Die Herrlichkeit Gottes führt uns auf eine neue Ebene und ich weiß, dass der Herr Seine Kinder von Herrlichkei zu Herrlichkeit führen wird. Im Geist gibt es keine Grenzen, mein Lieber Leser ich sag es noch einmal – im Geist gibt es keine Grenzen! Und mein Ziel ist es eine Gemeinde in der majestätischen Herrlichkeit Gottes zu erheben.

„Auferstehen und leuchten"

In der Tat muss der Mensch sehr oft Buße tun. Aber nicht für Sünden in herkömmlichen Sinne, so wie wir das Wort Sünde für gewöhnlich verstehen Nein, wir müssen Buße tun, wenn wir uns von Gottes Angesicht abwenden Buße ist eine Änderung der Richtung und wenn der Mensch sich Gott wieder zuwendet, wird er in dem Maße verändert, wie er sich dem Herrn zuwendet.

Worauf sind Ihre Augen im Laufe eines Tages gerichtet, wem oder was hören Sie zu? Das, worauf Sie Ihre Aufmerksamkeit lenken, wird Sie prägen.

Schauen Sie beispielsweise nur irgendwelche TV-Serien, so werden die Bilder dieser Sendungen ihr Unterbewusstsein füllen und schließlich Ihr persönliches Leben bestimmen. Richten Sie sich aber auf die Herrlichkeit Gottes aus, so werden Sie Gemeinschaft mit Ihm haben. Wissen Sie, was Gemeinschaft mit dem Herrn ist? Im Wörterbuch können wir die Bedeutung dieses Wortes nachlesen, was so viel wie **Einheit** oder **Vereinigung** bedeutet. Etwas von Christus gelangt zu Ihnen und von Ihnen zu Christus. Sie werden von Seiner Herrlichkeit gespeist, worauf sich Ihre Augen richten, *in dieses Bild der Herrlichkeit werden Sie verwandelt.*

In meinen Predigten sage ich oft folgende wichtige Sache, die für Diener Gottes besonders wichtig ist: „So wie Ihre stille Zeit mit Gott ist, so wird auch Ihr Dienst sein."

Die Stille Zeit ist die Wurzel all Ihrer Früchte – das ist extrem wichtig.

Rufen Sie sich in Erinnerung, was der Apostel Johannes sagte: „Ich sah viele Plätze, aber keiner setzte sich darauf." Das sind die leeren Throne im Himmel und wissen Sie, für wen sie bestimmt sind? Für uns! Sie sind unser - wir müssen die Throne besetzen.

Das Wort sagt uns in Kolosser 3,3 „...ihr seid gestorben, und euer Leben ist verborgen mit Christus in Gott." (Luther-Übersetzung) und tatsächlich verhält es sich so für uns – wir dürfen unseren Fokus nicht auf das physische

Leben hier auf der Erde richten, sondern es muss mit unserem Geist auf den Himmel gerichtet sein.

> **In dem Maße, wie Sie übernatürlich denken, in dem Maße werden Sie auch übernatürlich leben.**

Ihnen ist sicherlich bekannt, dass wir all unsere Informationen aus unserem Gehirn beziehen und all unsere Veränderungen aus unserem Verstand heraus geschehen. Wenn alles optimal vonstatten geht, so wird in unserem Körper alles bis hin zur DNA auf übernatürliche Weise verändert. Wir sind schon beschnitten, also identifizieren Sie sich auf keinen Fall noch mit Ihrer alten Natur. Wir sind in Ihm beschnitten, das Alte ist vergangen und dies ist eine unumstößliche Tatsache.

Kol. 2,11

Durch eure Zugehörigkeit zu Christus wurdet ihr beschnitten, aber nicht durch einen äußerlichen Eingriff. Eure Beschneidung kam durch Christus, und damit wurdet ihr von eurem alten Wesen abgetrennt.

Zum besseren Verständnis nochmals eine etwas deutlicher ausgelegte Fassung dieses Verses:

Kol. 2,11

Durch Ihn geschieht die Beschneidung an uns, aber nicht durch solch eine wie durch Menschenhand. Eure alte sündige Natur wird wie ein Kleidungsstück von euch gerissen. Das ist eine geistliche Beschneidung und die macht Christus! (frei übersetzt aus dem Russischen - RBO)

Sie nähren sich nicht vom Saft der Sünde, des Fluches oder der Krankheit, sondern Sie beziehen Ihre Kraft wie die eingepfropften Reben, die in Kapitel 15 des Johannes Evangeliums beschrieben sind – dann werden Sie den Saft der Heiligkeit, der Reinheit und der Wahrheit zu sich nehmen, sie werden sich mit dem übernatürlichen Saft nähren – und Christus wird durch Sie leben!

Joh. 15,4

Bleibt in mir, und ich werde in euch bleiben. Denn eine Rebe kann keine Frucht tragen, wenn sie vom Weinstock abgetrennt wird, und auch ihr könnt nicht, wenn ihr von mir getrennt seid, Frucht hervorbringen.

Vielleicht wussten Sie es noch nicht, aber Gott gab der Gemeinde den höchsten Stellenwert.

Der zeigte mir auf einem Flug nach Deutschland einmal sehr interessante Dinge. Jemand wollte sagen oder dachte es: „Wenn ich mich so verändern würde, dass ich so wäre wie Jesus, als Er hier auf Erden wandelte, dann wäre hier vieles anders..." Diesbezüglich möchte ich Ihre Aufmerksamkeit auf einige Dinge lenken.

Hören Sie, wir sind nicht die Erben Christi, die in einem physischen Körper hier auf der Erde wandeln werden, nein. Möglicherweise wird jetzt einigen von Ihnen etwas völlig Neues eröffnet, aber Jesus wurde hier auf der Erde (als Er mit Seinen Jüngern vor Seinem Tod und der Auferstehung unterwegs war) nicht als der Sohn Gottes offenbar. Er wandelte als ein Sohn eines normalen Menschen – zu diesem Zeitpunkt wurde Seine Herrlichkeit als der Sohn Gottes noch nicht sichtbar. Wenn Jesus vorher schon als der Sohn Gottes offenbart worden wäre, hätte Er wäre nicht als der Sohn eines Menschen gestorben und wir hätten keine Erlösung bekommen können! Das heißt, dass wir Nachfolger und Erben von Jesus Christus sind, die sich nach der Auferstehung in Herrlichkeit manifestieren werden. So wie es der Vater beabsichtigt hat, erhält jeder mit der Neugeburt von Oben und der Taufe des Heiligen Geistes die Macht, welche Jesus Christus während Seines irdischen Daseins hatte!

Joh. 14,12

Ich versichere euch: Wer an mich glaubt, wird dieselben Dinge tun, die ich getan habe, ja noch größere, denn ich gehe, um beim Vater zu sein.

Das Leben eines jeden Gläubigen sollte dann seinen Höhepunkt erreicht haben, wenn er in den Zustand versetzt wird, in dem Jesus sich nach Seiner Auferstehung von den Toten befand.

2 Kor. 3,18

Von uns allen wurde der Schleier weggenommen, sodass wir die Herrlichkeit des Herrn wie in einem Spiegel sehen können. Und der Geist des Herrn wirkt in uns, sodass wir ihm immer ähnlicher werden und immer stärker seine Herrlichkeit widerspiegeln.

Der Teufel war sich dieser Tatsache voll bewusst und versuchte Jesus daraufhin und sagte zu Ihm: „WENN Du der Sohn Gottes bist! – Wenn Du der Sohn Gottes bist!" Satan wollte, dass Jesus Seine göttliche Natur schon vorher zutage tritt. Wäre ihm dies gelungen, so wäre Jesus mit Seinem Auftrag gescheitert.

Aber Jesus war der Menschensohn eines Tischlers, damit wir in die Sohnschaft Gottes eingehen können.

Das Wort „kadosh" kann mit dem Wort ausgesondert gleichgesetzt werden; es steht geschrieben, dass Er uns schon in Sein Licht hineingeführt hat, er führt uns nicht erst hinein, wir sind schon darin. Das heißt, dass Er uns für sich ausgesondert hat und uns dazu bestärkt, unsere Denkweise (Verstand) im Himmel verändern zu lassen.

Diese wunderbare Aussage können Sie in der Schrift finden. Im Alten Testament wurde viel über das Herz gesprochen, beispielsweise sagte David: „Schaffe mir ein reines Herz." Im Neuen Testament hingegen arbeitet der Herr verstärkt mit unserem Verstand und beschäftigt sich mit der Erneuerung unserer Denkweise.

Röm. 12,2
Deshalb orientiert euch nicht am Verhalten und an den Gewohnheiten dieser Welt, sondern lasst euch von Gott durch Veränderung eurer Denkweise in neue Menschen verwandeln. Dann werdet ihr wissen, was Gott von euch will: Es ist das, was gut ist und ihn freut und seinem Willen vollkommen entspricht.

Mit anderen Worten ausgedrückt bedeutet dies, dass es Sein Ziel ist unseren Verstand Seinem perfekten Geist gleichzusetzen. Erst durch diese Annäherung beginnt die Fülle Gottes durch uns zu fließen. Die Kraft des Heiligen Geistes wird jeden Menschen in jeder Stadt und in jedem Land berühren.

Sie wissen, dass Jesus nicht die Errettung, Heilungen oder Wohlstand predigte? Er predigte nur Eines – das Reich Gottes. Sie sind die Botschafter des Reiches Gottes, Sie sind der Kanal und der Vermittler zwischen Himmel und Erde.

Der Herr eröffnete mir einmal sehr interessante Dinge in dem Gleichnis mit der Frau und dem Sauerteig. Und ich möchte dies mit Ihnen teilen.

Mt. 13,33
Auch das folgende Gleichnis erzählte Jesus: »Das Himmelreich ist wie Sauerteig, den eine Frau zum Brotbacken gebrauchte. Obwohl sie eine große Menge Mehl nahm, durchdrang der Sauerteig doch den ganzen Teig.«

Was ist der Sauerteig? Er ist der Same Gottes, den Sie mit Ihrer Wiedergeburt von oben erhalten haben. Welche drei Dinge symbolisiert das Mehl? Es sind der Geist, die Seele und der Leib. Es steht geschrieben, dass der Sauerteig alles durchdrang. Dank dieses Teiges (des Samens) beginnen die Flüsse des Garten Edens zu fließen, beachten Sie, dass es nicht einfach nur Flüsse sind, sondern Flüsse lebendigen Wassers. Sie öffnen Ihren Geist und Ihre Seele, Ihre Emotionen, Ihren Charakter – einfach alles wird verwandelt. Herrlich, oder

nicht? Eine wunderbare Aufgabe des Geist Gottes. Später beginnt diese
Herrlichkeit auf ihren physischen Körper überzugehen und Krankheiten
körperliche Gebrechen und vieles mehr verschwinden.

> *„Steh auf und leuchte!" Wenn Sie sich auf die Position stellen,
> die Gott für Sie vorherbestimmt hat, beginnen Sie zu strahlen
> und werden das Licht Seines Reiches tragen. (vgl. Jesaja 60,1)*

Noch ein sehr wichtiger Punkt im Leben der Kinder Gottes: Wenn die
Salbung, die Sie für Ihren Dienst erhalten haben nicht ein Teil von Ihnen wird
wird sie nicht bei Ihnen bleiben.

Es gibt eine Salbung, die von jemandem auf die Männer und Frauen
Gottes übertragen wird. Ich weiß von meinem Reisedienst, dass oft mit diesen
Menschen im Nachhinein nichts besonders geschehen ist, sollte das bei Ihnen
auch so sein, so denken Sie daran: Erhalten Sie sich Ihre Salbung.

Gott sprach zu Adam: „Bewahre und bebaue den Garten Eden."

> *Das, was Sie in Ihrem Leben von Gott bekommen, müssen Sie
> annehmen, pflegen (kultivieren) und zu schätzen wissen.*

Kapitel 6

Adaption der Salbung

In Anknüpfung an das vorherige Kapitel möchte ich zu Beginn gleich folgendes sagen: Sie werden kein ernsthaftes Wachstum erleben, wenn Sie das Prinzip der Anpassung der Salbung nicht beherzigen. (Anpassung [Adaption]: das sich Einstellen auf etwas oder jemanden, sich angleichen – Erklärung nach dem Duden).

Wenn der Herr Sie füllt und durch Ihren Körper mächtige Ströme der Salbung fließen, wird es Ihnen zeitweise so erscheinen, dass Ihrem Körper etwas völlig Neues und Ungewöhnliches durch diese geballte Kraft widerfährt. (Das ist der Moment, in dem Gott persönlich zu Ihnen kommt). Dann werden Sie aller Wahrscheinlichkeit nach Ihre neuen Erfahrungen mit jemandem teilen wollen, was Ihnen möglicherweise etwas Erleichterung verschaffen wird. Den größten Fehler, den Sie dabei machen können, ist der, dass Sie sich dem Neuen verschließen und davor fliehen.

Wenn Sie die neuen Erfahrungen emotional fühlen, machen Sie sich folgendes bewusst: Ihr Geist erweitert sich in diesem Moment und dann werden mit Ihnen großartige Dinge geschehen können! Er passt sich dem bis dato unbekannten Maß der Salbung an – wenn Sie diese dann mit jemandem teilen wollen, werden Sie sich besser fühlen, aber Ihr Geist wird in dem gleichen Zustand wie vorher bleiben.

Also, wenn Sie fühlen, dass Gott Sie zu füllen beginnt, dann müssen Sie sich beherrschen und zurückhalten (die Salbung teilen zu wollen) sowie beten und danken. Möglicherweise können Sie nicht richtig oder gar nicht schlafen, aber ich bitte Sie inständig, halten Sie die Salbung fest. Lassen Sie sich „strecken" und zwar so lange, bis Ihr Geist sich auf das neue Ausmaß der Salbung angepasst hat.

Ich glaube nachdem dieses Prinzip in diesem Buch ausführlich behandelt worden ist, dass es viele annehmen werden und ihnen so neue Dinge zugänglich gemacht werden können. In Ihrem Leben wird sich viel verändern. Mein leidenschaftlicher Wunsch: Gelangen Sie auf ein neues Niveau in Ihrer Beziehung mit dem Herrn, erreichen Sie eine neue Ebene in Ihrem Dienst, auf der Sie erfolgreich sind und wandeln Sie gesalbt in den Wundern von Gottes Volk – daran bin ich interessiert.

Hören Sie: Um etwas geben zu können, müssen Sie zunächst einmal in sich selbst investieren. Wenn Sie nichts in sich selbst investieren, werden Sie nicht in der Lage sein etwas in jemand anderen investieren zu können.

Deshalb müssen Sie, bevor Sie etwas geben können, erst einmal etwas annehmen und es für sich selbst adaptieren. Dafür müssen Sie bestimmte Regeln und Grundsätze einhalten, denn das wird zum Erfolg in ihrem Dienst führen.

Wahrscheinlich kennen Sie die Leute, die ständig auf die verschiedensten Konferenzen fahren und auch bei fast jedem Salbungsgottesdienst zu sehen sind. Sie berichten dann, dass sie schon von vielen großen Predigern die Hände aufgelegt bekommen haben, aber irgendwie sich in ihrem Leben nicht wirklich etwas zu verändern scheint. Sie haben solche kraftvollen Gebete empfangen, aber warum gibt es keine sichtbaren Veränderungen in ihrem Leben und verharren auf immer dem selben Niveau? In diesem Kapitel möchte ich Ihnen aufzeigen warum so etwas passieren kann.

Lassen Sie uns zunächst drei wesentliche Punkte betrachten, die damit im Zusammenhang stehen, etwas von Gott erhalten zu haben. Im Einzelnen sind das:

- Übergabe der Salbung

- Adaption der Salbung

- Aktivierung der Salbung – dies geschieht dann, wenn die Salbung durch sie wirkt (dies ist dann um so wichtiger, wenn Sie in einem aktiven Dienst stehen oder Pastor sind)

Also zu allererst sollten Sie einen Propheten auch im Namen eines Propheten annehmen und sich für alles eine Bestätigung aus dem Wort Gottes geben lassen. Was meine ich damit? Die Salbung eines Propheten geht nur auf Sie über, wenn Sie sie auch annehmen! Solange Sie den Priester, der vor Ihnen steht, nicht als einen solchen auch annehmen, wird nichts passieren und Sie werden keine Frucht bringen.

Mit anderen Worten gesagt bekommen Sie nicht das, was der Diener in sich trägt, wenn Sie ihn nicht als einen Gesandten Gottes ansehen und eine abwertende Sichtweise ihm gegenüber einnehmen. In ähnlicher Weise passierte so etwas mit Jesus, als Er in Seiner Heimatstadt predigte – die Menschen glaubten nicht an Ihn.

Wenn ein Gesalbter Gottes zu Ihnen kommt, dann behandeln Sie ihn auch entsprechend – so wie ein Diener des Herrn behandelt werden soll. Gehen Sie niemals bei einem Aufruf zum Gebet einfach so nur nach vorn. Gehen Sie in Erwartung dessen zum Gebet, dass der Herr genau in diesem Augenblick durch den Gesalbten Sein Vorhaben ausführen wird. Tragen Sie den Glauben und die innere Überzeugung in sich, dass Sie von Jesus etwas bekommen werden.

Erinnern Sie sich an die Frau aus der Schrift, die zu Jesus ging, um vom Blutfluss befreit zu werden? Sie sagte sich: „Wenn ich Ihn nur berühren könnte, dann würde ich geheilt werden." Diese Frau sprach dies in Ihrem Herzen und trug die Offenbarung in sich, dass der Herr ihr persönlich die Heilung geben würde. Denken und erwarten Sie genauso – „Sobald dieser Diener für mich beten wird, wird die Salbung, die er in sich trägt, auf mich übergehen."

Wenn Sie die Salbung auch als solche ansehen, wird sie auf Sie übergehen. Dies ist aber nur die erste Hälfte des Erfolges.

Bei jedem Menschen geschieht die Annahme der Salbung auf eine andere Art und Weise – es ist ein individueller Prozess. Wenn Sie allerdings sofort anfangen für jemand anderen zu beten oder nicht abwarten können, bis sich die Salbung adaptiert, werden die Dinge, die Sie erhalten haben, schneller wieder weg sein, als Ihnen lieb ist, die Salbung wird buchstäblich in Ihnen verdampfen und nicht in Ihnen bleiben. Nur wenn die Salbung ein Teil von Ihnen wird, wird Sie auch bei Ihnen bleiben. Um diesen Verlust verhindern zu können, muss die Salbung angepasst oder – wie die Reben auf den Weinstock – aufgepfropft werden.

Den Lesern, denen Gartenarbeit ein Begriff ist, werden wissen, was mit pfropfen gemeint ist. Allen anderen möchte ich hier eine Erklärung liefern. Pfropfen dient zur Reproduktion von Pflanzen oder Bäumen, dabei werden Teile eines lebenden Pflanzengewebes zu einer anderen transplantiert oder miteinander kombiniert (Züchtung). In Bezug auf Sie und die Salbung heißt das, dass Sie beide eins werden müssen. Sie verstehen sicher auch, dass es einige Zeit dauern wird, bis bei der Pflanzenzucht beide Teile miteinander verwachsen sind oder? Dies geschieht nicht sofort und es wird eine gewisse Zeit in Anspruch nehmen.

Lassen Sie mich noch ein Beispiel liefern: Fast jeder kennt eingelegte Gurken oder auch Salzgurken genannt. Die Gurken werden in Lauge gelegt und können dann schön durchziehen – was meinen Sie, sind die Gurken sofort nachdem sie in die Lauge gelegt wurden, durchgezogen? Ihnen ist sicherlich klar, dass dies nicht der Fall sein wird. Was genau passiert nun bei diesem Prozess? Die Gurke wird in eine Marinade eingelegt und umgibt sie, im Idealfall wird die Marinade ein Teil der Gurke und die Gurke ein Teil der Marinade. Betrachten Sie auch geistige Aspekte unter diesem Gesichtspunkt, dann fällt Ihnen das Verstehen darüber eventuell leichter.

In der Schrift sagt der Herr zu Mose, dass er zu Ihm auf den Berg steigen soll – wie wir alle wissen, geschah dort etwas sehr Entscheidendes.

2 Mo. 24,12

Und der Herr sprach zu Mose: »Steig zu mir auf den Berg und bleib eine Weile hier. ...

In diesem Vers wird etwas ganz Wichtiges ausgesagt, der Herr sagt: „...und bleib" Hier liegt ein Schlüssel für das Reich Gottes verborgen, der uns sagt, dass wir in dem bleiben sollen, was wir von Ihm empfangen haben.

Salbung ist eine sehr wertvolle Ressource des Reich Gottes. Verhalten Sie sich ihr gegenüber leichtfertig, so wird sie nicht lange in Ihnen bleiben. Aus diesem Grunde gibt es heutzutage nicht sehr viel Gesalbte auf dieser Erde. Aber Gott will eine ganze Armee solcher Bediensteten erwecken. Er will Sie dazu verwenden! Deswegen eröffnet er Ihnen heute die dazu nötigen Prinzipien.

Ich hatte ja bereits erwähnt, dass Sie mit Erwartung zu einer Segnung (Gebet) gehen sollen, um anschließend sagen zu können: „Ich habe es angenommen!" In diesem Moment werden Sie mit der Salbung geimpft und der Anpassungsprozess kann beginnen.

In diesem Moment sollten Sie Gott für das Empfangene und Geschehene danken – dies ist ein weiterer wichtiger Aspekt, über den Sie nachdenken sollten. *„Denn wie er in seiner Seele (berechnend) denkt, so ist er."* (Spr. 23,7a – Schlachter) und *„Denkt nicht an weltliche Angelegenheiten, sondern konzentriert eure Gedanken auf ihn!"* (Kol. 3,2). Der Anpassungsprozess dauert einige Zeit. Ich empfehle Ihnen, nachdem Sie die Salbung erhalten haben, sich für mindestens drei Tage von

Gebet für andere Menschen zu enthalten, damit die Marinade der Salbung ein Teil von Ihnen werden kann.

Tun Sie folgendes: Nachdem Sie die Salbung empfangen haben, ziehen Sie sich in die Stille Zeit oder in ein Gebetszimmer zurück, beten Sie in Zungen und lassen Sie die Salbung „einwirken" – nutzen Sie dazu gesalbte Musik zur Anbetung und zur Visualisierung der Herrlichkeit. Sprechen Sie mit dem Herrn, sagen Sie in etwa folgendes zu Ihm: „Herr, das, was ich empfangen habe, lasse ich nicht mehr los – ich bin nicht damit einverstanden, es wieder zu verlieren!"

Das ist etwas, worauf Sie eifersüchtig werden können. Denken Sie immer wieder an die Salbung – sinnen Sie darüber nach! Mittels Ihrer Denkweise verfestigen Sie die Salbung, welche Sie empfangen haben, in sich. In solchen Momenten dringt die Salbung tief, bis auf die Knochen, in Sie ein – Sie werden praktisch damit völlig durchtränkt.

Jer. 20,9
…Dann aber brennt es in mir wie ein rasendes Feuer…

Bemerkenswerterweise gibt es noch eine weitere Bedeutung für das Wort „Salbung" und das ist „Einreibung".

Dabei ist nicht etwa eine Einreibung gemeint, die man sich äußerlich aufträgt und dann wieder abwäscht, nein, damit ist in etwa das gemeint, was Esther widerfahren ist. Erinnern Sie sich? Zur Ausführung des Plan Gottes wurden sehr sorgfältige Vorbereitungen getroffen. Sechs Monate rieb Sie sich mit etwas Öl ein und dann noch einmal sechs weitere Monate.

David sagte in Psalm 23,5: *Du salbest mein Haupt mit Öl und schenkest mir voll ein.* Das heißt, dass die Salbung auf Sie kommen muss und Sie damit voll werden müssen, sie muss quasi ein Teil von Ihnen werden.

Deshalb ist die Adaption der Salbung ein entscheidender Aspekt für ein siegreiches Leben, wenn Sie die Salbung annehmen und zu einem Teil von sich werden lassen, so garantiere ich Ihnen, dass Ihr Leben nicht mehr dasselbe sein wird, was Sie bisher gelebt haben.

Es scheint, dass Sie eine Frage haben: Woher weiß ich, wann dieser Prozess abgeschlossen sein wird und es zur Aktivierung der Salbung kommt?

Tatsächlich geschieht die Aktivierung sofort, nachdem Sie die nächste Ebene erreicht haben, sie werden es nicht fühlen – dafür aber andere Menschen. Ihr Körper wird sich an die Kraft Gottes gewöhnen und die Menschen in Ihrem Umfeld werden es spüren können. Daran erkennen Sie, dass der Prozess der Adaption abgeschlossen ist und Sie nun ein Träger dieser Salbung sind.

Lassen Sie uns einmal folgende Situation betrachten: Möglicherweise haben Sie eine starke Gottesanwesenheit wahrgenommen und an Ihrem ganzen Körper konnte, Sie spüren, wie Sie die Wellen des Heiligen Geistes immer wieder durchflutet haben. Nun kann es vorkommen, dass andere Menschen, die auch auf solch einer Veranstaltung waren oder für die Sie sogar selbst gebetet haben, nicht die gleiche Erfahrung gemacht haben. Vielleicht hat Sie das verwirrt und Sie fragen sich, wie so etwas möglich oder auch nicht möglich sein kann. Ich möchte Ihnen sagen: Lassen Sie sich nicht entmutigen. Das, was Sie erlebt haben, war nur für Sie persönlich bestimmt und nicht für andere – das ist das Geheimnis dabei.

Was Sie am Anfang erhalten, ist das Fundament, worauf Sie Gott stellen möchte und das ist nur für Sie und nicht dazu bestimmt es mit anderen zu teilen. Ihre erste Aufgabe besteht darin, sich in der Salbung zu verfestigen, denn erst dann können Sie auf ein höheres Niveau gelangen. So wie bei einem Baum aus der Wurzel der Stamm und daraus dann die Äste und Zweige hervorwachsen, so verhält es sich auch mit der Salbung – sie muss die Wurzel sein, aus der schließlich Ihre Früchte hervorkommen, das, womit Sie anderen Menschen dienen können.

In diesem Zusammenhang möchte ich erwähnen, dass man die Salbung sowohl in der Stillen Zeit durch den Heiligen Geist persönlich als auch durch die Handauflegung eines Gesalbten Dieners Gottes empfangen kann. Es können sogar beide Möglichkeiten parallel erfolgen, die zu einer Erfüllung mit Salbung führen können.

Gott ist eine erstaunliche und wunderbare Persönlichkeit, die Seinen Geist ohne Maßen gibt. Die geistige Welt ist eine Welt ohne klare Formeln, bei denen man ein Regelwerk oder ein Einmaleins zugrunde legen könnte.

Ist es nun möglich Salbung ohne das Auflegen der Hand eines Gesalbten zu empfangen? Aufgrund meiner persönlichen Erfahrungen und dem Wissen anderer Diener Gottes kann ich dazu folgendes sagen: Ja, es ist möglich, aber eher selten der Fall. Dies ist mit dem Aufbau von Muskelmasse vergleichbar, dieser Prozess ist nicht an einem Tag oder in einem Jahr abgeschlossen, sondern er geschieht in einer permanenten Anwesenheit Gottes mit dem Eintauchen in Seine Herrlichkeit.

Der Empfang der Salbung geschieht in einem einzigen Augenblick, aber die Kultivierung und Erhaltung der Salbung ist ein immer fortdauernder Prozess, der stufenweise erfolgt.

Es gibt verschiedene Facetten der Salbung, die sich auch auf unterschiedliche Weise zeigen können, aber sie werden alle durch ein und denselben Geist offenbar. Sie wissen sicherlich, dass es die unterschiedlichsten Sorten Wein gibt – so verhält es sich auch mit der Salbung. Die Nuance und die Prägung Ihrer Salbung hängt einzig und allein von dem Willen und dem Plan Gottes für Ihr Leben ab.

Manchmal erhalte ich die Frage, ob es möglich ist die Salbung wieder zu verlieren. Ich antworte dann immer: Es ist möglich die Salbung zu verstärken oder zu schwächen, aber das, was der Herr Ihnen einmal gegeben hat, wird Er nicht wieder von Ihnen nehmen und sie wird bis zum Ende bei Ihnen bleiben. Es ist vergleichbar mit Ihren Talenten, die Sie auch alle vom Herrn erhalten haben, es liegt in Ihrer Hand, diese zu nutzen oder zu vergraben. Gottes Plan begründet sich darin, dass wir alles, was wir von Ihm erhalten, vermehren und perfektionieren – die Salbung soll in Ihnen zunehmen und sich potenzieren. Ob dies letztendlich bei Ihnen der Fall sein wird, hängt einzig und allein von Ihnen selbst ab.

Erfolg und Vision

Lassen Sie uns über das Thema Visionen sprechen. Oft bekommen Menschen keine Visionen, *weil Sie nicht in der Lage sind, das zu sehen, was sie sich über alle Maßen erhoffen oder wünschen, sei es im Dienst, in der Familie oder in einem anderen Bereich ihres Lebens (besonders in Zusammenhang mit Salbung). Es ist wichtig, dass Sie verstehen, dass alles damit beginnt, was Sie selbst in Ihrem Innresten sehen können.*

Mit anderen Worten ausgedrückt: Bevor die Million zu Ihnen kommt, müssen Sie bereits in Ihrem Inneren ein Millionär sein – bevor Sie Pastor einer Mega-Gemeinde werden, müssen Sie sich selbst bereits als ein solchen Pastor sehen. (*Der Garten Eden wurde zuerst geschaffen und erst dann kam Adam dazu – ein sehr bedeutende Offenbarung*).

Also, wenn Sie sich jetzt in enger Zusammenarbeit mit dem Heiligen Geist „neu programmieren" lassen wollen, dann fragen Sie nach Seinen Visionen und Seinen Bildern für Ihr Leben – dann werden Sie Ihre Zukunft sehen können. In diesem Zusammenhang möchte ich Ihnen ans Herz legen, dass Sie sich alles notieren oder aufzeichnen, was Sie sehen, sodass Ihnen, von all dem, was Gott Ihnen zeigen möchte, auch nicht das kleinste Detail entgehen kann.

Ich glaube, dass jeder von Ihnen erfolgreich sein möchte. Erfolgreiche Menschen sind Menschen mit Visionen, die ein Ziel verfolgen. Haben Sie keine Ziele, werden Sie auch nirgendwohin gelangen.

Ich wurde einmal gefragt, wie es mir gelingt, mir den enormen Durst und das stetige Voranstreben auf meinem Weg mit Gott zu bewahren. Damals wie heute gebe ich immer die gleiche Antwort: Ich erhalte mir die Kraft aus der Vision, die Gott mir einst für meinen Dienst gab und mein heutiger Dienst und das, worin ich mich heute bewege, übertrifft diese Vision bei weitem. Ich bin das, wohin ich mich bewege!

Sie sollten ein Ziel haben. Haben Sie kein Ziel, wird sich in Ihrem Leben nichts verändern. Sie müssen den großen Drang in sich verspüren jetzt zu sagen „Herr, ist das alles, was Du für mein Leben vorbereitet hast?!"

Welche Art von Menschen werden tiefgreifende Veränderungen erfahren? Genau die Menschen, die sagen: „Vater, ich danke Dir für das, was ich im Augenblick habe, aber ich will weiter vorankommen. Ich will mehr. Ich will Dich mehr erleben. Ich will mehr Herrlichkeit von Dir in meinem Dienst, in meiner Familie und in meiner Beziehung zu Dir sehen..."

1 Mo. 13,14

Als nun Lot sich von Abram getrennt hatte, sprach der HERR zu Abram: Hebe deine Augen auf und sieh von der Stätte aus, wo du bist, nach Norden, nach Süden, nach Osten und nach Westen. (Luther-Übersetzung)

Möglicherweise stecken Sie gerade in Problemen oder sind nicht an dem Punkt, an dem Sie eigentlich sein wollen, dann sagt Gott jetzt zu Ihnen: „Hebe deine Augen auf..." oder „erhebe dich" – erheben Sie sich über die Umstände mit anderen Worten möchte ich Ihnen sagen: Schauen Sie nicht auf das, was heute ist!

> *Schauen Sie immer auf das, was Sie im Leben haben wollen!*
> *Denn dies bedeutet: Das, woran Sie denken, wird Sie formen*
> *und darin werden Sie leben!*

1 Mo. 13,15

Dieses ganze Land, das du siehst, werde ich dir und deinen Nachkommen für immer zum Besitz geben.

Mich persönlich beeindruckt diese Bibelstelle! Ist Ihnen bewusst, was Gott uns damit sagen will? Für all das, was Sie heute sehen, gibt Ihnen der Herr diese Zusage: „Ich kann und werde es dir geben." Was sehen Sie? Das ist die entscheidende Frage!

1 Mo. 13,17

Mach dich auf den Weg und durchzieh das ganze Land, denn ich werde es dir geben.

Stehen Sie auf und gehen Sie – und gebrauchen Sie Ihr Vorstellungsvermögen. Gehen Sie durch Ihren Traum spazieren und fühlen Sie ihn.

1 Mo. 13,18

Da verlegte Abram sein Lager zu dem Eichenhain von Mamre bei Hebron. Dort baute er dem Herrn einen Altar.

Verrücken Sie Ihr Zelt und danken (immer – nicht nur einmal) dem Herrn für das, was Sie noch nicht greifbar in Ihren Händen halten, aber glauben Sie daran, dass es in der geistigen Welt bereits für Sie bereitliegt.

Seinen Sie dafür dankbar. Dies sollte eine große und tiefe Offenbarung sein: „Herr, ich danke Dir für meine erretteten Kinder, ich danke dir für das Heil meiner Frau/meines Mannes, ich danke Dir für meinen guten Job…" usw.

Vielleicht sagt jetzt jemand: „Aber ich sehe nichts!" Das bedeutet nur, dass Sie Ihren Blick von dem abwenden müssen, an dem Sie sich derzeit befinden! Gott gab uns die Schrift, in der alle Antworten auf alle Fragen zu finden sind!

Ich möchte noch einen ganz wichtigen Aspekt betonen – gewöhnen Sie sich an alles aufzuschreiben, was Sie sehen. Erfolgreiche Menschen denken immer zuerst auf Papier.

Der Herr gab mir einmal einen Schlüssel, den ich Ihnen nicht vorenthalten möchte.

Egal, was Sie gerade tun, wichtig ist, wie es in Ihrem Inneren aussieht Früher oder später werden Sie selbst aus sich das machen, was Sie in sich tragen Sie selbst sind der Inkubator Ihres zukünftigen Schicksals.

Geistliche Gaben, Salbung und Herrlichkeit

Es gibt drei Elemente, in denen Sie dienen können, wobei die Kraft Gottes dabei in Ihnen fließen wird und Zeichen und Wunder Sie begleiten werden:

1. Gaben
2. Die Salbung des Heiligen Geistes.
3. Die Herrlichkeit Gottes.

Hinter allen dreien steht Gott, aber sie werden unterschiedlich offenbar und unterscheiden sich in ihrer Wirkung.

Geistesgaben und Salbung. Die Gaben gibt uns der Herr bedingungslos - egal, ob Sie sie gebrauchen werden oder nicht. Es steht geschrieben, dass wir uns „ernstlich um sie bemühen sollen".

1 Kor. 14,1 (Luther)
Strebt nach der Liebe! Bemüht euch um die Gaben des Geistes, am meisten aber darum, dass ihr prophetisch redet!

Lassen Sie mich dazu einiges ergänzen. Im griechischen Originaltext lässt sich dies auch folgendermaßen übersetzen: „Seid eifersüchtig auf das Geistliche." Die Gaben sind unwiderruflich, das heißt, wenn beispielsweise der Herrlichkeit Gottes – aus welchen Gründen auch immer – von einem Menschen weicht, so bleiben die Gaben für den Menschen trotzdem für immer erhalten. deutlich können wir das am Volk Israel erkennen. Der Herr erwählte dieses Volk als Sein Volk (die Gabe/das Geschenk), allerdings wandelte das Volk nicht mehr in Seiner Herrlichkeit – sie lehnten Ihn sogar ab, aber trotzdem sieht unser Gott dieses Volk immer noch als Sein Volk an.

Einige Menschen haben diesbezüglich ein falsches Verstehen, wenn sie bei Gott bitten: „Herr, bitte gib mir auch eine Gabe.". Theologisch ist dies abwegig denn die Gaben haben wir schon bei unserer Bekehrung, der Wiedergeburt von oben, erhalten. Sie haben sie schon, aber gebrauchen sie eventuell noch nicht Bitten Sie in diesem Falle um die Aktivierung Ihrer Gaben, die bereits schon in Sie gelegt wurden. Zum besseren Verständnis erkläre ich diesen Fakt auch gern mit einem Begriff aus der Informatik. Wenn Daten komprimiert auf einer Festplatte als sog. „zip-Datei" gespeichert werden, so muss diese Datei zunächst „entpackt" – also aktiviert werden – um sie gebrauchen zu können.

Ein weiterer wichtiger Punkt: Eine Gabe wirkt unabhängig von der Salbung. Wenn ein Diener, der sich innerhalb seiner oder anderer Gaben bewegt, für einen Menschen betet, kann dies mitunter ohne sichtbare Zeichen oder besondere Manifestationen erfolgen. Äußere Erscheinungsformen – also Zeichen und Wunder – erfolgen nur in Salbung oder der Herrlichkeit Gottes.

Betet beispielsweise ein Diener unter Verwendung der Gabe der Heilung für einen anderen Menschen, so wird dieser auch Heilung erhalten – ohne sichtbare Merkmale. Hier möchte ich noch anmerken, dass die reine Anwendung der Gabe immer nur auf persönlicher Ebene erfolgt, nicht bei Massenveranstaltungen oder Massengebeten. Es ist also immer ein persönlicher Kontakt durch Handauflegen nötig.

Wenn Sie das Leben von Gottes Generälen studieren, werden Sie wertvolle Dinge erkennen und lernen können. Sie werden sehen, dass beispielsweise die Gebete bei Kathryn Kuhlman oder Benny Hinn sehr oft von sichtbaren Manifestationen der Salbung begleitet werden. Die Salbung, die auf ihnen lag oder liegt, erfüllte die ganze Atmosphäre, egal, wo sie hinkamen oder auftraten. Die Salbung beginnt einfach durch den Raum zu fließen und dann erhalten Menschen Heilung, Befreiung oder werden einfach nur auf übernatürliche Weise vom Heiligen Geist erfüllt. Dies bewirkt nur Salbung, eine Gabe vermag dies nicht zu bewirken.

Um herauszufinden, mit welcher Gabe der Herr Sie ausgestattet hat, müssen Sie in Ihr Herz schauen, es wird Sie zu dem hinziehen, wozu Gott Sie berufen hat.

Eines Tages zeigte der Herr mir einer meiner Gaben – die Gabe Wunder zu tun. Ich bekomme oft die Frage gestellt, ob die Aktivierung dieser Gabe nach und nach oder auf eine andere Art und Weise geschah. Lassen Sie mich an dieser Stelle darüber berichten. Bis zu dem Augenblick, an dem die Gabe Wunder zu tun regelrecht explodierte, geschah in dieser Hinsicht eher wenig in meinem Leben. Es waren bis dahin nur kurze Episoden, in denen sich diese Gabe zeigte, da mir dies zu diesem Augenblick noch gar nicht bewusst war – ich erwähnte dies bereits schon an anderer Stelle in diesem Buch. Erst als ein Engel mir erschien (manchmal aktivieren Engel die Gaben im Leben eines Menschen), begann sich diese Gabe regelmäßig und stabil in meinem Dienst zu zeigen.

Lassen Sie mich etwas sehr Wichtiges anmerken: Eine Gabe wirk unabhängig von Ihrem Glauben. Möchte jemand beispielsweise für Heilung beten und besitzt die Gabe der Heilung aber nicht, so benötigt er in diesem Moment Glaube. Dies ist ein wichtiger Aspekt, den Sie beachten sollten, um klar zwischen diesen beiden Dingen unterscheiden zu können.

> *Salbung ist das Ergebnis einer Beziehung mit dem Heiligen Geist. Salbung ist lediglich die Kraft des Heiligen Geistes – aber nicht Er selbst, denn Er ist eine Persönlichkeit, Er ist Gott. Verstehen Sie bitte, dass Er nicht irgendeine Wolke ist, sondern eine Persönlichkeit mit Gefühlen, Charakter und Willen.*

Ihre Freundschaft zum Heiligen Geist kann greifbare Frucht in Ihr Leber bringen. Ich bin davon überzeugt, dass für einen Christen ohne eine ständig wachsende Beziehung zum Heiligen Geist geistliches Wachstum unmöglich ist. Manifestiert sich die Gegenwart Gottes in Ihrem Leben, so werden Sie nich mehr derselbe sein und nichts wird so bleiben wie es war. Ich höre manchma die Behauptung: „Gefühle spielen keine Rolle, einzig und allein der Glaube zählt." Ich sage Ihnen, dass dies nicht richtig ist – eine Beziehung ohne Gefühle ist keine echte Beziehung. Stellen Sie sich einen frisch vermählten Mann vor, der „aus Glauben" geheiratet hat. Man fragt ihn, ob er seine Frau liebt und ob er wa dabei für sie empfindet und fühlt. Die Antwort, dass er lediglich daran glauber müsse, ist doch absurd, oder? Ich sage es noch einmal: Eine Beziehung ohne Gefühle ist nicht echt – in einer Beziehung gibt es immer Gefühle.

Von Anfang an war es sein Plan, dass die Völker Gott suchen und auf ihn aufmerksam werden sollten und ihn finden würden - denn er is keinem von uns fern. (Apg. 17,27)

Parallel dazu stellte ich fest, dass die Erde eine Projektion des Himmels ist alles in dieser physischen Welt stellt ein Spiegelbild der geistigen Welt dar Sprechen wir also über eine Beziehung mit dem Heiligen Geist, so ist hier Religiosität absolut fehl am Platz und jeder sollte dabei diesen bekannten Fak zugrunde legen: „Der lebendige Gott und eine lebendige Beziehung zum Heiligen Geist." Menschliche Beziehungen sind immer von Gefühlen begleitet da unsere Welt so geschaffen wurde. Mit der Wiedergeburt von oben wurden wi in die Lage versetzt unseren Schöpfer zu fühlen und mit Ihm eine Beziehung aufzubauen, um so von Ihm lernen und seinen Willen erkennen zu können. Wir können zu der Wahrheit zurückkehren, die Adam mit dem Ausschluss aus den

Garten Eden verloren hatte. Wir sind damit immer in der Lage die Anwesenheit des Geistes fühlen und Seine Gegenwart erleben zu können, aber nur, wenn es sich dabei um eine lebendige Beziehung handelt.

Mittels der Erkenntnis und der Beziehung zu Gott kann sich ein Mensch immer mehr und mehr in Ihn vertiefen und sich für Ihn öffnen, sodass er Ihn für sich selbst erkennen kann, um Ihm immer tiefer und herrlicher in Liebe begegnen zu können.

Ich will es so sagen: Wenn Sie in Ihrer Beziehung zum Herrn noch nicht die Fülle erleben, die Sie eigentlich möchten, dann lassen Sie sich erwecken! Für Ihn! Gott pflegt nur Beziehungen mit lebendigen Persönlichkeiten. Wenn Sie also eine echte Beziehung zum Heiligen Geist erleben wollen, so müssen Sie selbst lebendig werden. Sollten Sie noch nicht diese Lebendigkeit sein, dann beten Sie zum Herrn: „Herr, erwecke mich für Dich!" Mit der Anwesenheit Gottes in Ihrem Leben wird mit der Zeit auch die Salbung für Sie selbst und Ihren Dienst kommen. Die Salbung kann sowohl durch das Handauflegen als auch durch die Atmosphäre der Herrlichkeit Gottes in Ihrem Leben wirksam werden. Sie werden die großen Wunder sehen und den Namen unseres Herrn Jesus verherrlichen! Dabei wird Ihr Durst nach Seinem Wachstum in Ihnen die Intensität bestimmen, welche sich bis ins Unendliche steigern kann. Nur wir selbst allein können dieses Wachstum stoppen, indem wir sagen: „Herr, ich habe genug, es reicht." – damit können wir das Maß dosieren.

Ich möchte jetzt aber jeden bitten, der dies gerade liest: Stagnieren Sie nicht, bleiben Sie nicht stehen! Sollten Sie Stillstand verspüren, so sagen Sie zu unserem Gott: „Herr, das ist mir zu wenig – ich will mehr!" Geben Sie sich nicht mit Ihrem derzeitigen Niveau zufrieden, streben Sie nach vorn und entwickeln Sie Ihre Salbung immer weiter.

Durch Ihre Gaben können Sie lediglich ein paar Menschen berühren, durch Salbung jedoch die Massen.

Die nächste Ebene ist die Herrlichkeit Gottes. Oh, wenn ich nur darüber nachdenke oder anfange darüber zu sprechen, erfüllt mich die Freude des Heiligen Geistes und mein Herz fängt an zu jubeln – ich liebe dieses Element einfach, da es uns direkt vom Herrn gegeben ist. Es steht geschrieben, dass Jesus nicht der König der Gaben ist, auch nicht der König der Salbung, sondern der König der Herrlichkeit. **Und in der Herrlichkeit befindet sich alles**, mein Freund.

Was ist die Herrlichkeit? Ehre sei dem Herrn – es ist die Atmosphäre und die Anwesenheit des Himmelreiches – es ist der Augenblick, in dem sich der

Himmel öffnet und in Ihr Leben kommt. Das ist das, in dem sich Heilung, Befreiung, finanzieller Wohlstand und Freude befinden. Wenn die Herrlichkeit kommt, wird alles von ihr ergriffen, wo sie sich manifestiert. Jedes Element wird sich ihrem Einfluss unterwerfen. Durch die Manifestation der Herrlichkeit Gottes geschehen in unseren Veranstaltungen unglaubliche Dinge, darunter auch direkte Zeichen vom Himmel – mit anderen Worten: es ist eine Manifestation des Königreich Gottes. In diesem Zusammenhang wird mir oft die Frage gestellt. „Steht nicht geschrieben, dass die ganze Erde von der Herrlichkeit Gottes erfüllt ist?" Ja, das ist richtig, die Erde ist von ihr erfüllt, aber Tatsache ist, dass sie sich nicht überall manifestiert.

Merken Sie sich diesbezüglich noch folgendes; wenn Sie beginnen über eine bestimmte Sache zu sprechen, wird es sich früher oder später auch zeigen. Wollen Sie beispielsweise Heilung sehen, so beginnen Sie darüber zu sprechen, predigen Sie darüber und Heilungen werden geschehen! Sie sprechen es aus und es wird freigesetzt. Sprechen Sie über Herrlichkeit, so wird sich die Herrlichkeit manifestieren – sprechen Sie über Heilung, so werden Wunder der Heilung in Ihrem Umfeld geschehen. Wenn Sie davon träumen, etwas Bestimmtes in Ihrem Leben oder Dienst zu sehen, dann fangen Sie an darüber zu sprechen – dies ist ein Schlüssel des Himmels.

Einige Menschen wiederholen gern, dass sie kein Geld haben und in der Tat lässt dann der finanzielle Bereich in ihrem Leben zu wünschen übrig; oder ein anderes Beispiel: Viele Menschen reden darüber, dass sie unglücklich sind und sogar Depressionen haben und tatsächlich wird sich genau das auch dann in deren Leben verwurzeln.

Dies lässt sich in etwa mit einem Spiegel erklären, das, was jemand verkündet, was er also sieht, das wird er auch empfangen – zu Gesicht bekommen. Verkünden Sie also nur das in Ihrem Leben, was Sie auch wirklich wollen!

Für uns ist ein hoher Preis bezahlt worden, damit wir im Sieg und im Erblühen leben können. Halleluja! Lassen Sie uns als die Schlüssel des Reiches und die Weisheit aus der Höhe verwenden, um den Himmel hier in unsere Realität Wirklichkeit werden zu lassen!

Eph. 1,3

Wir loben Gott, den Vater von Jesus Christus, unserem Herrn, der uns durch Christus mit dem geistlichen Segen in der himmlischen Welt reich beschenkt hat.

Kapitel 7

Offenbarung über die Gnade Jesu Christi

Ein weiteres wichtiges Thema, welches für immer ein Bestandteil meines Herzens wurde und der Herr mich dazu beauftragt hat es an Seine Kinder heranzutragen, ist die Gnade unseres Herrn Jesu Christi.

Gnade ist ein Geschenk Gottes sowie die Befähigung nicht zu sündigen. Wir dienen, wir beten und wir lieben Menschen allein durch Gnade. Normalerweise kann ein Mensch seinen Nächsten oder sich selbst nicht lieben; es ist nun einmal so, wenn wir nicht in der Lage sind uns selbst zu lieben und zu akzeptieren, wie wir sind, dann können wir es auch bei keinem anderen Menschen.

An dieser Stelle möchte ich bemerken: Wenn die Liebe Jesu in uns aufgeht, erkennen wir uns selbst und als Ergebnis dessen nehmen wir uns auch unseren Nächsten an – das ist die Manifestation Christi und Seines Reiches. Als Kinder Gottes wissen wir bereits, dass Sein Reich Frieden, Freude und Gerechtigkeit im Heiligen Geist ist. **(Röm. 14,17)**

Paulus begrüßte die Gemeinde in seinen Briefen sehr oft mit den Worten: „Gnade sei mit euch und Friede von unserem Herrn und Heiland Jesus Christus." Merken Sie sich an dieser Stelle: Dem Frieden geht die Gnade voraus. Friede kommt nur, wenn wir verstanden haben, dass Er durch uns nur aus Seiner Gnade heraus wirkt. Wir müssen uns nicht mehr großartig selbst darum bemühen, gerecht zu werden, wir können in Gott die Ruhe finden und sagen: „Jesus, lebe durch mich." Ich wünsche mir so sehr, dass wir uns in jeder Situation unseres Lebens voll und ganz auf Seine Gnade verlassen würden. Dies wird uns immer und ohne Zweifel den Frieden bringen.

> *Die Gerechtigkeit Jesu Christi lebt durch uns und wenn wir im Verständnis Seiner Gnade gegründet sind, wird Sein Frieden zu uns kommen. Haben wir den Frieden, so wird die Freude in uns freigesetzt werden können. Halleluja!*

Diese drei Punkte – Gerechtigkeit, Frieden und Freude – sind eine Plattform für ein Leben Gottes. In diesem Leben befindet sich alles – Wunder Zeichen, Engel und vieles mehr. Alles Himmlische wird durch diese drei Kanäle freigesetzt. Ich vergleiche es gern mit einer dreifach gedrehten Schnur, dabei is jedes der drei Elemente vonnöten, um die Fülle des Reiches in unserem Leber bekommen zu können.

In diesem Zusammenhang ist es angebracht noch eine Sache zu erwähnen aber was? Ich persönlich empfange die Gnade nicht aus eigenen Bemühungen Ein Mensch, der ein reifer Christ ist, versteht, dass man Gnade nicht aus eigener Werken oder eigener Kraft heraus empfangen kann. Durch sie haben wir unsere Errettung erhalten und durch sie haben wir den Heiligen Geist empfangen - Gnade ist eine Kraft Gottes. Leider ist heutzutage das *Verständnis über die Gnade Gottes bei vielen Menschen verdreht*. Aber lassen Sie uns auf die Schrift schauen.

Wer an ihn glaubt, der wird nicht gerichtet; wer aber nicht glaubt, der ist schon gerichtet.

Joh. 3,18

Wer an ihn glaubt, wird nicht verurteilt. Wer aber nicht an ihn glaubt, is schon verurteilt, weil er nicht an den Namen des einzigen Sohnes Gottes geglaubt hat.

Lassen Sie mich Ihnen von einem Traum erzählen. In diesem Traum erlebte ich eine meiner stärksten Empfindungen. In diesem Traum spielte sich folgendes ab: Ich war an einem mir fremden Ort und sah, wie der Teufel Steine auf mich warf und ich konnte klar erkennen, dass er nicht nur einfach auf mich warf, nein, er wollte mich töten. Mir wurde deutlich bewusst, dass dies sein Ziel war. Immer, als er auf mich warf, sagte er: „Ich kann dich nicht gehen und mit diesem Wissen weiter leben lassen."

In kalten Schweiß gebadet wachte ich auf und versuchte zu verstehen, wa er meinte und welche Information ich in mir trug. Ich fragte Gott, was dies alle zu bedeuten hatte und Er sagte zu mir: „Das was du in dir trägst, sind die Themen, die dem Teufel sehr gefährlich werden können – oder besser gesag eines davon." Diese beiden Themen sind: Die Botschaft der Gnade zum einen – und zum anderen – Die Offenbarung der Sohnschaft Gottes. Und mit dem einen dieser beiden Themen begann sich gerade mein Dienst zu entwickeln.

Röm. 8,10

Da Christus in euch lebt, wird zwar euer Körper aufgrund der Sünde sterben, aber durch den Geist empfangt ihr Leben, weil ihr von Gott gerecht gesprochen wurdet.

Kol. 3,3

Denn ihr seid gestorben, als Christus starb, und euer wahres Leben ist mit Christus in Gott verborgen.

Ich möchte, dass Sie sich jetzt genau auf diese beiden Schriftstellen konzentrieren.

Wissen Sie, was das Evangelium ist? Von allen Wörtern ist dieses Wort eines der am süßesten klingenden, was mit froher Botschaft übersetzt werden kann. Was ist eine frohe Botschaft? Es ist in etwa so, als ob einen das Gefühl des vollkommenen Glückes einhüllen würde. Stellen Sie sich vor, es klingelt jemand an Ihrer Tür und teilt Ihnen mit, dass Sie eine Million Euro gewonnen hätten und sie antworten lediglich: „Okay, kann sein, na gut, ich komme im Laufe der Woche vorbei und hole es mir ab." Meinen Sie nicht auch, dass dies eine eher komische Antwort wäre? Schließlich haben Sie ja gerade eine richtig gute Nachricht erhalten, die Sie froh macht und Ihre Seele angenehm erfüllt.

So verhält es sich auch mit dem Evangelium – es macht den Zuhörer glücklich, wenn es von den Kanzeln der Kirchen verkündet wird. Erfüllen diese Worte keinen mit Freude, so ist es auch kein Evangelium, was verkündet wird.

> *Das Evangelium von Jesus Christus ist die frohe Botschaft. Unser Herr Jesus tat etwas für uns, was weit mehr als eine Million Euro wert ist. Was tat er? Er befreite uns von der Last des Gesetzes, welche uns von Gott trennte und für uns den geistigen Tod bedeutete.*

2 Tim. 9,10

Gott hat uns erlöst und berufen; nicht aufgrund unserer Taten, sondern weil er schon lange, bevor es die Welt gab, entschieden hatte, uns durch Christus Jesus seine Gnade zu zeigen. Nun ist uns das alles durch das

Kommen unseres Retters Jesus Christus offenbart worden. Er hat die Macht des Todes gebrochen und mit der guten Botschaft den Weg zum ewigen Leben ans Licht gebracht.

Aber aus irgendwelchen Gründen gehen einige Kinder Gottes immer noch mit dieser Last in die Gemeinden. Ich sage es mal so: Das liegt einzig und allein daran, dass sie die Wahrheit noch nicht erkannt haben, die sie freimacht.

Was sind die Auswirkungen dieser Unkenntnis oder worin zeigt sie sich? Die Antwort liegt auf der Hand – die Unwissenheit hält einen Menschen in der Knechtschaft gefangen. Sollten Sie sich in irgendeinem Bereich Ihres Lebens noch in der Sklaverei befinden, so bedeutet dies, dass Sie dort die Wahrheit noch nicht erkannt haben.

Ich habe eine Frage an Sie – antworten Sie bitte, vor allem für sich selbst ehrlich: Halten Sie sich für einen erretteten Sünder? Wie lautet Ihre Antwort? Es mag sein, dass ich gleich etwas sage, was Ihnen eventuell merkwürdig vorkommen mag, aber es gibt keinen „erretten Sünder" – ich wähle in diesen Fall gern den Vergleich mit einem „schmackhaften Gift" – das wäre in etwa das Gleiche. Es sind zwei gegensätzliche und unvereinbare Worte. Erlauben Sie mir in diesem Zusammenhang noch eine Frage. Wer will versuchen, als Sünder gerecht zu werden? Das wäre ja genauso, als ob eine Katze versuchen würde ein Hund zu sein, oder um es noch etwas kontrastreicher auszudrücken, es wäre so als ob ein Apfel versuchen würde ein Löwe zu sein.

Möglich oder unmöglich? Versuchen Sie mal darüber nachzudenken und eine Lösung zu finden, warum es nicht funktionieren kann. Ich möchte Ihnen den Grund dafür liefern, warum solch eine Umwandlung nicht stattfinden wird – die DNA ist unterschiedlich. Vielleicht können Sie jetzt auch verstehen warum ein Sünder niemals gerecht werden kann. Möglicherweise ist jetzt jemand verärgert, nachdem er diese Zeilen hier gelesen hat – aber keine Sorge im weiteren Verlauf dieses Kapitels werden Sie verstehen und Ihnen wird diesbezüglich alles klar werden.

Darüber hinaus möchte ich noch etwas anmerken: Wenn Sie bisher gedacht haben, dass Gott Ihr Herz reinigt, möchte ich Ihnen folgendes Beispiel zeigen: Sie kennen sicherlich die Schriftstelle, in der der Herr sagt, dass er uns unser steinernes Herz wegnehmen wird und uns ein fleischliches Herz geben wird und das auch auf Sie zutrifft.

Hes. 11,19

Und ich werde ihnen ein Herz schenken, in dem Einigkeit herrscht, und werde ihnen einen neuen Geist geben. Ich nehme das Herz aus Stein aus ihrem Körper und gebe ihnen stattdessen ein Herz aus Fleisch.

Ich möchte denen gratulieren, die Jesus Christus angenommen haben. Erstens macht Sie das gerecht und zweitens benötigen Sie keine Reinigung Ihres Herzens – was Sie allerdings brauchen, ist eine Veränderung Ihrer Denkweise.

Röm. 12,2

Deshalb orientiert euch nicht am Verhalten und an den Gewohnheiten dieser Welt, sondern lasst euch von Gott durch Veränderung eurer Denkweise in neue Menschen verwandeln. Dann werdet ihr wissen, was Gott von euch will: Es ist das, was gut ist und ihn freut und seinem Willen vollkommen entspricht.

Gott hat Seinen Geist in uns gelegt, von Ihm sind wir neugeboren. Wenn Sie danach nun wieder sündigen, wird sich dadurch Ihre neue Natur wieder verändern? Nein. Wenn Sie dann weiterhin von sich behaupten, dass Sie ein Sünder sind, ist das ja im Prinzip dasselbe zu behaupten, dass der Herr sündig wäre – aber das ist doch absurd! Merken Sie sich: Der Geborene entspricht immer auch dem Gebärenden. Das liegt in der DNA begründet. Wie also können Sie ein Sünder sein, wenn Sie von einem gerechten Gott geboren wurden? Es steht nirgends geschrieben, dass Sie ein Sünder nach Ihrer Wiedergeburt bleiben werden. Ich lege Ihnen ans Herz, mein treuer Leser, dass Sie die Bibel stets im Kontext studieren und nicht einzelne Verse ohne Zusammenhang herausreißen. Ein Beispiel – Wissen Sie, an wen sich die Briefe des Johannes richteten? Sie waren für eine bestimme Gruppe von Menschen bestimmt, in dem Falle Gnostiker. Erinnern Sie sich, welche Lehren sie verbreiteten? Zu dieser Zeit gab es zwei große Irrlehren. Zum einen wurde behauptet, dass man Jesus nicht unbedingt annehmen musste, um gerecht werden zu können und zum anderen verbreitete man die Auffassung, dass Jesus nicht in einem physischen Körper auf der Erde lebte, sondern als ein geistiges Wesen mit einer Persönlichkeit. Dies waren die beiden großen Lügen und Irrlehren, mit anderen Worten Ketzerei, die sich damals versuchten in die Köpfe der Menschen einzuschleichen.

Johannes sagte nun, dass ein Mensch, der behauptet ohne Sünde zu sein (also meint nicht Buße tun zu müssen) ein Lügner ist. **(1 Joh. 1,8: Wenn wir sagen, wir seien ohne Schuld, betrügen wir uns selbst und die Wahrheit**

ist nicht in uns.) Weiterhin sagte er, dass jemand, der bekennt, dass Jesus Christus im Fleisch gekommen ist, nicht der Verführer oder Antichrist ist.

1 Joh. 4,3: Wer Jesus so nicht bekennt, gehört nicht zu Gott. In einem solchen Menschen ist der Geist des Antichristen. Ihr habt ja gehört, dass dieser Geist in die Welt kommen wird, und er ist tatsächlich schon da.

Viele Menschen verstehen den Zusammenhang dieser Verse aus der Schrift nicht, wenn sie schließlich in das dritte Kapitel des ersten Johannesbriefes schauen und dort folgendes finden: Dort behauptet er, dass wir gar nicht mehr sündigen können und wir keine Sünder mehr sind, denn nur wer vom Teufel ist, der sündigt. Es gibt in uns also keine Sünde mehr.

1 Joh. 1,3
Wer zu Gott gehört, sündigt nicht, weil Gottes Leben in ihm ist. Deshalb kann er nicht mehr sündigen, denn er ist von Gott geboren.

Anhand dieser Informationen aus den Johannesbriefen könnte man meinen, dass dieser Apostel reine Gesetzlichkeit lehrte – um dies weiter ergründen zu können, lohnt es sich die Beispiele der Hure Rahab und Abraham zu betrachten. Ich möchte Sie folgendes fragen: Wie oft gewährte die Hure Rahab den Spionen Joshuas Zuflucht? Genau einmal. Wie oft brachte Abraham seinen Sohn Isaak auf den Altar? Genau einmal. Wir können hier erkennen, dass es nur eine einmalige Handlung war – es war nur ein einziger Schritt. Darüber hinaus können wir erfahren, dass der Glaube eines Menschen, der nicht bereit ist Jesus Christus anzunehmen (diesen einen Schritt zu tun) und lediglich behauptet Ihn zu kennen und sagt: „Ich weiß, dass Jesus Gott ist.", teuflisch ist. Warum? Auch die Dämonen haben von Gott gehört, haben mit Ihm aber nicht gemeinsam. Sie wissen von Ihm, sie zittern vor Ihm, aber sie haben keinen Bezug zu Seinem Reich. Selbst wenn dieser Mensch sagt: „Ich bin ein Gläubiger – ich bin ein Gläubiger!", aber Jesus Christus nicht in seinem Herzen aufgenommen hat – er diesen einen Schritt also nicht gegangen ist – so ist sein Glaube ohne Taten und demzufolge tot.

Lassen Sie uns diesbezüglich noch folgenden Aspekt betrachten: Die Wassertaufe. Was ist sie und was bewirkt sie? „Taufe" leitet sich aus folgenden Worten ab: „baptizo – βάπτισμα" (eintauchen oder untertauchen). Worin tauchen wir ein und warum? Wir tauchen in den vollständigen Tod Jesu Christi ein und wenn wir wieder herauskommen, dann steigen wir aus dem Wasser als eine neue Schöpfung heraus, ohne Wunden, ohne Krankheiten, ohne Flüche –

vor allem aber hat kein Dämon mehr ein Anrecht darauf uns zu beherrschen oder zu beeinflussen.

Um eine Veränderung Ihres Lebens und die Auferstehung in Christus bewirken zu können, brauchen Sie zunächst das Bewusstsein, dass Sie mit Ihm sterben müssen. Nur dann können Sie mit Jesus ein vollwertiges Leben führen. Dies ist eine sehr wichtige Wahrheit. Bei gläubigen Menschen ist oft zu beobachten, dass Gott mit ihnen ist, sie aber trotzdem noch in ihren eigenen Problemen leben; die Ursache liegt darin begründet, dass die Menschen sich des Todes, so wie er in Kolosser 3,3 beschrieben wird, bewusst sind. Ich bitte Sie, die Bibel unter folgenden Gesichtspunkten zu studieren: was für ein Vermächtnis, wer hat es geschrieben, an wen ist es gerichtet und unter welchen Umständen ist es geschrieben worden. Dabei müssen Sie zunächst folgende Dinge verstehen. Es treten immer wieder Missverständnisse durch die sogenannten Lehren über die „Kreuzigung des sündhaften Fleisches" auf. Das ist so nicht richtig. Vielleicht mag jetzt der eine oder andere sagen: „Aber im ersten Brief an die Korinther sagt Paulus in Kapitel fünfzehn, Vers 31, dass er jeden Tag stirbt."

Ich bitte Sie: Schauen Sie sich diese Stelle unter den Gesichtspunkten an, die ich im vorherigen Abschnitt gerade erwähnt habe, dass für Paulus nämlich jeder Tag der letzte für ihn wäre. Er war dem Evangelium von Jesus Christus so hingegeben, dass er sagte: „Jeden Tag gebe ich mich bis zum Tode hin." Hier geht es absolut nicht um die Kreuzigung seines sündigen Körpers, sondern darum, dass er sich völlig aufopferte.

Sie sind gestorben, als Christus starb und Ihr wahres Leben ist mit Christus in Gott verborgen.

Kol. 3,3

Denn ihr seid gestorben, als Christus starb, und euer wahres Leben ist mit Christus in Gott verborgen.

Also, Sie sind in Christus verborgen und nun sagen Sie mir, ist die Sünde imstande in Gott zu (über)leben, wenn „die Sünde in euch wohnt"?! Auf keinen Fall! Dies sind zwei unvereinbare Gegensätze.

Lieber Leser, dieses Thema ist in meinem Leben von grundlegender Bedeutung. Genau nachdem ich dies realisiert hatte, also mit anderen Worten, nachdem der Herr mir dies in meinem Leben offenbart hatte, begann mein Dienst im Bereich des Übernatürlichen mit Zeichen, Wundern, Engeln usw. Sollten Sie sich weiter mit der Rolle des Sünders identifizieren, so wird die Salbung in Ihrem Leben nicht von langer Dauer sein, weil der Teufel Sie dann dazu bringen kann, sich mit diesem Umstand abzufinden, sodass der Geist der

Missbilligung Zugang zu Ihnen erlangt und die Salbung regelrecht aus Ihnen aussaugen wird.

Wenn Sie auf die Wahrheit erkennen, dass Sie gerecht sind und darauf stehen, sie darauf vertrauen, dass Sie in Gottes Augen vollkommen sind, dann wird der Geist der Gnade auf Ihnen ruhen. Seinen Sie sich bewusst, dass Sie bereits vollkommen sind! Schon jetzt!

Möglicherweise denkt jetzt jemand: „Ach, was denn für eine Vollkommenheit, Michael, du redest hier etwas nur schön." – es ist wichtig, dass wir erkennen, dass diese Wahrheit im Widerspruch zu unserem natürlichen Verstand steht. Wir leben aber nicht aus dem Verständnis der sichtbaren Dinge heraus, sondern davon, indem wir uns auf die Wahrheit stützen. Lassen Sie mich Ihnen einen weiteren Beweis aus der Bibel darlegen:

Hebr. 10,14

Denn durch dieses eine Opfer hat er alle, die er heiligt, für immer vollkommen gemacht.

Das Wort „kadosch" – „heilig", bedeutet „getrennt". Der Herr hat Sie für sich schon abgesondert. Christus ist unsere Heiligung und nicht unsere Versuche moralisch gerecht zu leben. Diese Versuche nennen sich auch SELBST-Gerechtigkeit. Er geht dabei aber nach Seinen Regeln.

Phil. 3,9

und mit ihm eins werde. Ich verlasse mich nicht mehr auf mich selbst oder auf meine Fähigkeit, Gottes Gesetz zu befolgen, sondern ich vertraue auf Christus, der mich rettet. Denn nur durch den Glauben werden wir vor Gott gerecht gesprochen.

Lassen Sie uns gleich auf eine weitere Stelle der Schrift schauen.

Röm. 8,10

Da Christus in euch lebt, wird zwar euer Körper aufgrund der Sünde sterben, aber durch den Geist empfangt ihr Leben, weil ihr von Gott gerecht gesprochen wurdet.

Denken und sinnen Sie darüber nach.

Und noch eine Schriftstelle, **Joh. 3,18**

Wer an ihn glaubt, wird nicht verurteilt. Wer aber nicht an ihn glaubt, ist schon verurteilt, weil er nicht an den Namen des einzigen Sohnes Gottes geglaubt hat.

Lassen Sie das Wort Gottes die Wahrheit und die Freiheit in Ihr Leben bringen, mein treuer Leser.

Es wird gesagt, wenn der Geist der Wahrheit kommt, dass er über die Welt und nicht über die Sünde richten wird, dies ist aber eine theologisch falsche Behauptung. **(Joh. 16,8: Und wenn er kommt, wird er die Welt von ihrer Sünde und von Gottes Gerechtigkeit und vom bevorstehenden Gericht überzeugen.)** Hier wird von der Sünde im Singular gesprochen, welches aus dem griechischen übersetzt „Fehler" bedeutet. Der Fehler von wem oder wovon? Im biblischen Sinne bedeutet dies, dass der Mensch an Gott – an Jesus Christus – vorbei geht (Ihn verfehlt). Das ist die Wurzel aller Probleme und die Früchte dessen zeigen sich in Drogensucht, Trunkenheit, Unzucht und vieles mehr.

Hebr. 9,26

Wenn das nötig gewesen wäre, hätte er seit Erschaffung der Welt immer wieder sterben müssen. Er kam ein für alle Mal am Ende der Zeiten, um die Macht der Sünde durch seinen Opfertod für uns zu brechen.

Das ist sehr wichtig! Sein einziges und einmaliges Opfer genügte, um für ALL Ihre Sünden zu büßen! Wenn wir nun immer wieder für jede Sünde Buße tun müssten, müsste ja auch ER jedes Mal wieder aufs Neue sterben. Aber Er starb nur einmal! Sein Blut genügte, um nicht nur für die Sünde eines einzelnen Menschen (Ihnen) zu büßen, sondern für die aller Menschen der ganzen Welt. Ein Tropfen Seines kostbaren Blutes genügte, um die Sünden der gesamten Welt auf ewig zu bedecken.

Um mit Jesus Christus herrschen zu können und ein Leben mit Ihm leben zu können, müssen Sie zu allererst daran glauben, dass Sie bereits schon gestorben sind – dies ist die erste Etappe, wenn Sie diese bewältigt haben, dann können Sie den zweiten Schritt tun – die Auferstehung und das Leben mit Jesus Christus.

So wird der Fluss Seines Lebens durch Sie zu fließen beginnen, wenn Sie sich allerdings wieder dazu entscheiden, sich in Ihrem Verstand auf die Ebene des Sünders zu begeben, dann wird, wie ich es Ihnen schon im Verlauf diese Abschnittes gesagt habe, ein Leben mit Ihm unmöglich sein.

Röm. 8,2

Denn die Macht des Geistes, der Leben gibt, hat dich durch Christu Jesus von der Macht der Sünde befreit, die zum Tod führt.

Auf Grundlage dessen können wir bereits erkennen, dass wir das Rech besitzen, körperlich nicht sterben zu müssen. Lassen Sie uns dies ausführliche betrachten.

Schauen Sie, was am Kreuz geschah. Früher waren wir die Erben vo Adam und seiner Natur; ich denke, dass dies jedem bekannt ist, daher war e notwendig diesen Fluch zu zerstören und zu begraben; es war einfacl notwendig, da wir mit dem Baum verbunden waren, von dem Adam die Wurze war. Was tat Jesus?

Kol. 2,11

Durch eure Zugehörigkeit zu Christus wurdet ihr beschnitten, abe: nicht durch einen äußerlichen Eingriff. Eure Beschneidung kam durcl Christus, und damit wurdet ihr von eurem alten Wesen abgetrennt.

Eine andere Übersetzung macht dies noch deutlicher: „Verbunden mi ihm, seid ihr auch beschnitten worden. Allerdings handelte es sich dabei nich um einen äußerlichen Eingriff an eurem Körper, sondern um das Ablegen de von der Sünde beherrschten menschlichen Natur. Das ist die Beschneidung, di unter Christus geschieht." (Neue Genfer Übersetzung)

Mit anderen Worten heißt dies, dass wir von dem alten Baum, desse Wurzel Adam ist, abgeschnitten und an einen neuen Baum angepfropft wurde dessen Wurzel Jesus Christus ist. (Ich bin der Weinstock; ihr seid die Reben. Joh. 15,5) Von Ihm fließt der Saft der Gerechtigkeit, der Reinheit, der Wahrhei und des Segens. Ihr Vermächtnis hat sich jetzt verändert – Sie sind der Erb dieses Segens!

Einige versuchen dies dann zu widerlegen: „Warum geschehen mir al Gerechten dann trotzdem immer noch unangenehme oder hässliche Dinge? Icl schaffe es einfach nicht die wirklich guten Taten zu vollbringen, meine Tate sind manchmal weit von Heiligkeit und Gerechtigkeit entfernt."

Jak. 1,23

Denn wenn jemand ein Hörer des Worts ist und nicht ein Täter, de gleicht einem Menschen, der sein leibliches Angesicht im Spiege beschaut. (Luther)

Das Schlüsselwort in diesem Vers lautet „sein leibliches" Angesicht. Wenn ein Christ weiß, dass seine Natur nicht sündig, sondern gerecht ist, dann handelt er auch entsprechend. Hören Sie zu: Wenn Sie glauben, dass Sie ein Sünder sind, werden Sie der Sünde gestatten sich durch Sie zu gebären. Achten Sie jetzt genau auf den folgenden vierundzwanzigsten Vers dieser Passage in der Schrift – er besagt, dass der Betrachter, nachdem er sich von dem Spiegel entfernt hat, sofort **„vergisst, wie er aussieht." (Jak. 1,24)**

Und was ist der Betrachter? Er ist gerecht! Unser Spiegel ist das Wort Gottes. Die Bibel sagt, dass wir aufgrund einer Tat eines Einzelnen gerecht sind! Sie sollten diesen Vers auswendig können. Vergessen Sie ihn, werden Sie Probleme bekommen. Ich bitte Sie – erinnern Sie sich stets an diese Wahrheit und verankern Sie diese fest in Ihrem Verstand.

Spr. 23,7: Denn wie er in seiner Seele berechnend denkt, so ist er. ...

Man kann es auch so ausdrücken: Das, was der Heilige Geist einem Menschen „in dessen Geist offenbart hat, so wird dieser Mensch auch sein."

Kapitel 8

Die Offenbarung über die Manifestation der Sohnschaft Gottes

Sie erinnern sich sicherlich noch an den Traum, von dem ich Ihnen im vorherigen Kapitel erzählt hatte. Ich sprach davon, dass ich zwei Informationen in mir trage, die eine Bedrohung für das Reich der Finsternis darstellen. Da wir das erste dieser beiden Themen schon behandelt haben, befassen wir uns nun mit dem zweiten Schwerpunkt, der Offenbarung der Sohnschaft Gottes.

Der Herr offenbarte mir diese Botschaft, als ich noch am Anfang meines Dienstes stand. Er zeigte mir einmal in einer Vision ganz ungewöhnliche Menschen, Er offenbarte mir Seine Söhne, Söhne des Lichts, Söhne der Herrlichkeit und Söhne, die in der immensen Kraft des Reich Gottes wandeln werden. Ich sah, wie die unglaublichsten und merkwürdigsten Dinge geschehen würden, ebenso sah ich wie der Herr diese Söhne zu Gräbern von Menschen führte, die schon seit drei oder mehr Jahren tot waren und sie diese Menschen wiederbelebten. Eine Bestätigung dessen erhielt ich sogleich vom Wort aus dem Buch des Propheten Hesekiel, von der Stelle, in der es darum geht, in denen tote Knochen wieder zum Leben erweckt werden.

Hes. 37,4-5

Und er sprach zu mir: Weissage über diese Gebeine und sprich zu ihnen Ihr verdorrten Gebeine, höret des HERRN Wort! So spricht Gott der HERR zu diesen Gebeinen: Siehe, ich will Odem in euch bringen, dass ihr wieder lebendig werdet.

Der Herr billigt den offenbarten Söhnen immense Kräfte zu, um diese Menschen wiederzubeleben, sodass diese dann Zeugen der übernatürlichen Realität Gottes hier auf der Erde werden können!

Aber lassen Sie uns im Einzelnen betrachten, wie ich das meine.

Die Offenlegung des Sohnes

Denn die ganze Schöpfung wartet sehnsüchtig auf jenen Tag, an dem Gott offenbar machen wird, wer wirklich zu seinen Kindern gehört. (Röm. 8,19)

Der Schlüssel liegt hier in den Worten „offenbar machen" – was so viel bedeutet wie den Sohn offenkundig machen und in diesem Zusammenhang wird dies durch Erkenntnis und Verständnis erfolgen.

Jesus Christus lebte als eine Manifestation des Sohnes Gottes auf dieser Erde. Zunächst lebte Er als Mensch. Die Manifestation erfolgte erst nach Seinem Tod durch die Auferstehung.

Der erste Schritt zur Offenbarung der neuen Schöpfung ist das Verständnis über Seinen Tod. Denken Sie daran – wir haben bereits darüber gesprochen – wer sich selbst als Sünder betrachtet, wird nicht als Sohn offenbart werden können.

Offb. 20,6
Glücklich und heilig sind die, die an der ersten Auferstehung teilhaben. Über sie hat der zweite Tod keine Macht, sondern sie werden Priester Gottes und Christi sein und tausend Jahre lang mit ihm herrschen.

Lesen Sie diese Bibelstelle sorgfältig, sehr sorgfältig. Mitunter verwehrt uns flüchtiges Lesen der Schrift das Erkennen der großen Geheimnisse, die in ihr verborgen sind.

Röm. 8,11
Der Geist Gottes, der Jesus von den Toten auferweckt hat, lebt in euch. Und so wie er Christus von den Toten auferweckte, wird er auch euren sterblichen Körper durch denselben Geist lebendig machen, der in euch lebt.

Falls Sie heute darüber nachdenken sollten, wer der abgesonderte Mensch ist, dann werden Sie aller Wahrscheinlichkeit nach genau das sehen werden, was ich gesehen habe. Heilige Menschen sind abgesonderte Menschen. (Das Wort „kadosch" wird in diesem Falle mit „abgetrennt" übersetzt).

Offb. 22,11

…wer heilig ist, soll weiter heilig leben…

Einige Menschen sind der Auffassung, dass, wenn sie mehr beten und fasten, sie dadurch geheiligt werden.

> *Aber die Wahrheit ist, dass „geheiligt zu werden" bedeutet, sich in dem Zustand eines abgesonderten Menschen behauptet zu werden.*

Dieser Prozess wird daraus hervorgehen, dass Sie über sich nachdenken und Ihre Realität schließlich aus Ihren Gedanken herausströmen wird. Was diese Realität sein wird, liegt einzig und allein an Ihnen selbst. Wenn Sie immer noch sündigen, dann nur aus dem Grund, weil Sie immer noch glauben, dass Sie immer noch ein Sünder sind. Erinnern Sie sich?

Spr. 23,7

Denn wie er in seiner Seele berechnend denkt, so ist er.

Wie kann man nun eine abgesonderte Persönlichkeit werden? Diese Frage ist durchaus berechtigt.

1 Thess. 5,23

Der Gott des Friedens heilige euch durch und durch. …

Anders ausgedrückt, „trennen" oder „sich in Trennung behaupten"
…durch und durch…

Jesus sagte: „Ich aber bin gekommen, um ihnen das Leben in ganzer Fülle zu schenken." **(Joh. 10,10)**

Jetzt behaupten einige, dass der Herr gekommen sei, um unsere Seele zu retten und wiederzubeleben, aber den Leib sterben zu lassen. „Ja, dir wird nach deinem Glauben geschehen." Aber lassen Sie uns schauen, was die Bibel in dieser Hinsicht dazu sagt.

1 Thess. 5,23

Der Gott des Friedens heilige euch durch und durch. Er schütze euern Geist, eure Seele und euern Körper, damit sie unversehrt sind, wenn Jesus Christus, unser Herr, wiederkommt.

Bekannterweise dient das Neue Testament nicht nach dem Buchstaben, sondern nach dem Geist, denn „der Buchstabe tötet, aber der Geist macht lebendig." (**2 Kor. 3,6** – Luther)

Der vollkommene Wille des Vaters für uns begründet sich darin, dass wir in Geist, Seele und Leib vollkommen sein sollen, die in Seiner Heiligkeit abgetrennt (bewahrt) sind. Seine Welt, Sein Reich und Seine Natur.

Wer trennt uns ab? Gott! Sie können sich nicht selbst abtrennen, weil dies lediglich selbstgerecht wäre, in diesem Zusammenhang ist es äußerst wichtig zu verstehen, was die wahrhaftige Gerechtigkeit ist.

Warum zeichnet das Reich Gottes zuerst „Gerechtigkeit", dann „Frieden" und dann erst „Freude" aus? Wenn Sie nicht verstehen, was die Gerechtigkeit ist und sich darin gründen, dann werden Sie keinen Frieden und keine Freude in Ihrem christlichen Leben haben können. Sie werden nicht in der Lage sich heiligen zu können, egal, wie sehr Sie es auch versuchen. Diese Fähigkeit ist nur Gott vorbehalten, die innerhalb einer Beziehung zu Ihm aus Ihrem Geist heraus zutage tritt.

> *Die Frucht des Geistes ist Seine Frucht, nicht Ihre. Lassen Sie zu, dass Christus durch Sie lebt.*

Haben Sie jemals darüber nachgedacht, worauf sich Ihr Verstand konzentriert? Möglicherweise, wenn Sie ehrlich zu sich selbst sind, wird Ihnen die Erkenntnis Ihres inneren Exkurses nicht wirklich gefallen. Zu oft lassen sich die Menschen mit ihren alltäglichen Sorgen, denen Sie sich hingeben, den Fokus von Jesus Christus nehmen.

Ich möchte Sie nur ermuntern und Ihnen etwas Interessantes zeigen.

Wir alle leben zusammen in einem dreidimensionalen Raum der physischen Welt, Gott lebt aber in der vierten Dimension. Wir besitzen die Fähigkeit Gottes Reich widerzuspiegeln, nach dem Motto: „Wie im Himmel, so auch auf Erden."

Röm. 8,6-8

Wenn du dich von deiner menschlichen Natur bestimmen lässt, führt da zum Tod. Doch wenn der Heilige Geist dich bestimmt, bedeutet da Leben und Frieden. Denn die menschliche Natur steht Got grundsätzlich feindlich gegenüber. Sie hat sich nicht dem Gesetz Gottes unterstellt und wird es auch nicht können. Deshalb können Menschen die noch von ihrer menschlichen Natur beherrscht werden, Gott niemal gefallen.

An dieser Stelle macht es Sinn, sich an die Frage zu erinnern: Worauf is Ihr Verstand konzentriert? Konzentriert sich ein Christ auf sich selbst und sein eigenes Fleisch, wird ihm zum großen Bedauern die Offenbarung der Sohnschaf Gottes nicht zuteilwerden. Wen sehen Sie, wenn Sie in einen Spiegel schauen - einen Sünder oder einen Gerechten, der vom heiligen Gott geboren ist?

Gott ist heilig, also sind wir auch heilig, da wir Seine Söhne und Töchter sind; erfassen Sie diese wunderbare Nachricht! Der Mensch, der fleischlich denkt oder glaubt, dass er das Fleisch und der Träger der alten Natur Adams ist ist Gott gegenüber feindlich gesinnt. Diese Denkweise belebt das Alte Testamen in unserem Leben, was den Empfang der Segnungen aus dem Neuen Testamen unmöglich macht. Daher sind diese Christen in der Gesetzmäßigkeit verloren weil keine zufriedenstellende (gerechte) Erfüllung des Gesetzes möglich ist und somit verlieren sie ihre Gnade, weil sie an das Gesetz gebunden sind.

1 Tim. 1,8

Wir wissen, dass diese Gesetze gut sind, wenn sie so verstanden und genutzt werden, wie Gott es wollte.

Das Gesetz kommt demjenigen zugute, der alle 613 Gebot erfüllt verstehen Sie? Wenn Sie auch nur eines dieser 613 Gebote nicht erfüllen, wird das Gesetz Ihr Feind sein und Sie zerstören.

Wir können in der Schrift nachlesen: „Wenn schon der alte Bund, der zur Verdammnis führte…" (2 Kor. 3,9) – außer Jesus Christus, Er wurde nicht durch das Gesetz verurteilt, da Er allein die 613 Gebote halten konnte. Die Wahrhei liegt darin begründet, dass das Gesetz für Jesus gut war. Nur Gott ist in der Lage Sein Gesetz – das Gesetz Gottes – zu erfüllen.

Lassen Sie uns auf den positiven Aspekt von Gottes Erlösung schauen. Wir werden nur dann verwandelt werden, wenn wir unseren Verstand auf Gott konzentrieren.

---

2 Kor. 3,18

Von uns allen wurde der Schleier weggenommen, sodass wir die Herrlichkeit des Herrn wie in einem Spiegel sehen können. Und der Geist des Herrn wirkt in uns, sodass wir ihm immer ähnlicher werden und immer stärker seine Herrlichkeit widerspiegeln.

Guten Morgen, Gerechter Gottes!

Schauen Sie daher nicht mehr wie ein alter Sünder, ein Drogenabhängiger oder ein Ehebrecher auf sich. Schauen Sie auf Christus – Sie haben das Recht dazu!

Schauen Sie weiterhin auf die Sünde und identifizieren sich damit, werden Sie sich letztendlich auch darin verwandeln, weil Sie ständig darauf geschaut haben. Schauen Sie nicht wieder auf Ihre Fehler, schauen Sie auf Christus, auf den Einen, der perfekt ist! Vielleicht sagt genau jetzt jemand: „Ich werde mir jetzt eine Predigt über die Kraft der Sünde anschauen!" Sagen Sie mir bitte, woran werden Sie während dieser Predigt denken?

Verstehen und merken Sie sich bitte für immer – das, worauf Sie schauen, zu dem werden Sie früher oder später werden.

Also, wenn Sie morgen früh in den Spiegel schauen, dann sagen Sie: „Guten Morgen, Gerechter Gottes! Jesus, guten Morgen – ich sehe Jesus in mir!"

Ich zeige Ihnen noch etwas – und zwar das „Vater unser", dort sprach Jesus: **„Dein Reich komme bald. Dein Wille erfülle sich hier auf der Erde genauso wie im Himmel."** (Mt. 6,10)

Im Himmel gibt es keine Sünde, keine Krankheit, keine Angst oder Verdammnis und bis in alle Ewigkeit gibt es dort auch keinen Prozess des Verfalls, der eine Erscheinungsform des Todes ist. Im Himmel gibt es keinen Tod, dort gibt es nur Leben und das im Übermaß. Warum wartet die gesamte Schöpfung auf die Offenbarung der Sohnschaft Gottes? Weil mit den Söhnen Gottes alles beginnen soll. Sie werden die Erstgeborenen im Universum sein und mit Ihnen wird der Prozess des Verfalls und des Verderbens gestoppt werden.

Kapitel 9

Vier Generationen

Ich respektiere die Menschen, die eine eigene Meinung haben; ich denke dass Sie mit mir einverstanden sind; solche Menschen wissen immer, was si wollen. Doch leider bleiben im Christentum viele als Jünglinge stehen. Wisser Sie, wen man als einen Jüngling bezeichnet? Ein Jüngling ist ein noch nich vollkommener Mensch, er ist in seinem Wachstum noch unvollendet.

Vollkommen ist der, der darin geübt ist mittels seiner geistigen Erfahrun; das Gute vom Bösen unterscheiden zu können **(Hebr. 5,14)**. Man mus erkennen können und deshalb bitte ich Sie: lernen Sie zu unterscheiden, wa vom Geist Gottes ist und was nicht. Jeder Geist, der Jesus Christus bekennt, is von Gott.

Heutzutage sehe ich viele Menschen, die eine Menge seltsamer Büche gelesen haben; Geschichten von „Satanspastoren", „Zauberpredigern" und viel andere. Diese Leute sind Extremen verfallen und sind auf Grundlage vor falschen Informationen einem massiven Irrtum unterlegen. Ich habe allerding auch schon Interviews mit einem ehemaligen Satanisten gesehen, die jetz Christen sind, und die sagen: „Im dunklen Reich ist es absolut verboten de Namen Jesus auch nur auszusprechen." verstehen Sie, diese Menschen könne den Namen Jesu nicht einmal laut aussprechen! Die Schrift besagt, dass nu durch den Heiligen Geist jemand Jesus als Herren bekennen kann. **(...un(niemand kann sagen: »Jesus ist der Herr«, wenn es ihm nicht der Heilig Geist eingibt. 1 Kor. 12,3)**. In satanischen Kreisen wird Jesus lediglich als „ei Mensch" bezeichnet. Merken Sie sich ein für alle Mal: Ein Hexenmeister wird e nicht über seine Lippen bekommen, das Jesus Christus sein Herr ist Letztendlich müssen wir uns dem Heiligen Geist anvertrauen, denn nur Er kan sich in aller Hinsicht um uns kümmern. Ich bete dafür, dass der Geist Gottes Sie erhebt und Sie lehrt zu unterscheiden.

„Was sind das für vier Generationen?" — fragen Sie sich jetzt. In meinem christlichen Leben traf ich sehr viele verschiedene Menschen, diese beteten nicht nur auf unterschiedliche Art und Weise an, sie nahmen auch den Leib Christi (die Gemeinde) und andere Dinge auf verschiedene Weise wahr. Sinnbildlich (der Herr bestätigte mir dies durch Sein Wort) repräsentieren sie verschiedene Generationen.

Die erste Generation ist die Generation von Saul, bei der noch nicht alles auf seinem Platz steht und die keine ordentliche Beziehung zum Herrn hat. Die Genration Davids ist die zweite Generation. David war ein Krieger, der Gott sehr aufrichtig liebte, er lebte als Krieger, um immer mit dem Schwert in den Kampf zu ziehen. Die dritte Generation - das ist die Generation von Salomon. Diese Generation wird nicht, wie ihre vorhergehende, kämpfen, sondern den Tempel bauen. Die vierte Generation ist schließlich die Generation der Söhne Korach.

Lassen Sie uns im Einzelnen die Generationen betrachten. Was ist für die Generation von Saul typisch? Sie waren zunächst Wegbereiter für Gott und auf das Feld Gottes hinausgegangen, allerdings waren sie nicht aufrichtig Gott gegenüber und deswegen war Er für sie nicht nahbar. Diesen Dienern ist ihre Position wichtiger als die Menschen, denen sie dienen. Aus diesem Grunde erhob der Herr das nächste Geschlecht – die Generation Davids. Ich glaube, dass der Leser, der dieses Buch in den Händen hält, genügend geistige Reife besitzt, um dies zu verstehen.

Wie bereits erwähnt ist die zweite Kategorie die Generation Davids. Während sie in Ehre erhoben werden, nehmen sie das Schwert Gottes in die Hand und beginnen damit jegliche Unwahrheiten und Kompromisse abzuschlagen; sie rufen immer mehr zu Gott; sie sind sogenannte Menschen des Krieges. Bemerkenswert ist ihr Lebensstil und ihr Gebetsleben – denn dies ähnelt einem Krieg. Sie halten das Schwert immer in ihren Händen. Haben sie solche Christen schon einmal gesehen, die bereit sind alles erobern zu wollen, absolut alles? Genau das ist die Generation Davids, sie leisten eine sehr große Arbeit für das Reich Gottes.

Nach David erhebt Gott die Generation Salomons. Sie wird auch „Glory Generation" – die Generation der Herrlichkeit – genannt. Diese Menschen sind Menschen der Weisheit und des Friedens (Der Name Salomon bedeutet so viel wie „Friedlicher"). Gott gab mir in diesem Zusammenhang folgende Bibelstelle:

Mt. 5,9

Gott segnet die, die sich um Frieden bemühen, denn sie werden Kinder Gottes genannt werden.

Die größte Aufgabe dieser Menschen besteht darin, den Tempel zu bauen. Wissen Sie, was ich damit meine? Sie bauen das Reich Gottes hier auf Erden, so wie es im Himmel bereits existiert. Manchmal stellt David Salomo sogar etwas verärgert die Frage: „Warum hältst du kein Schwert in deinen Händen?" Wir müssen das Verstehen entwickeln, dass wir alle Mitstreiter Gottes sind und dafür verschiedene Berufungen haben, dabei darf uns keine religiöse oder unentwickelte Denkweise im Weg stehen, die uns naiv denken lassen will, dass solche Fragen berechtigt wären. Es ist absolut wichtig, dass uns bewusst wird, dass unser Verstand verändert werden muss, denn dann erst werden wir in der Lage sein, auf alles mit Gottes Augen zu schauen. Menschen der Generation Salomons sind von Frieden, Weisheit und der Liebe zu Gott geprägt.

Sehr interessant, aber auch gefährlich, ist die nächstfolgende Generation - die Generation der Söhne Korachs.

4 Mo. 16,1-5

Korach, der Sohn Jizhars aus der Sippe Kehat vom Stamm Levi, zettelte mit Datan und Abiram, den Söhnen Eliabs, und On, dem Sohn Pelets vom Stamm Ruben, einen Aufstand gegen Mose an. Sie wurden unterstützt von 250 Israeliten, die alle angesehene, führende Männer der Versammlung waren. Sie schlossen sich gegen Mose und Aaron zusammen und sagten zu ihnen: »Ihr seid zu weit gegangen! Jeder Israelit ist heilig und der Herr ist mitten unter uns. Warum stellt ihr euch über das Volk des Herrn?« Als Mose das hörte, warf er sich zu Boden. Dann sagte er zu Korach und seinen Anhängern1: »Morgen früh wird der Herr zeigen, wer zu ihm gehört und wer heilig ist. Nur wen der Herr erwählt, darf sich ihm nähern.

Sie können auch jetzt das ganze Kapitel lesen.

Können Sie erkennen wovon hier die Rede ist? Es geht hier um eine ganz spezielle Kategorie, die ich „extreme geistige Liebhaber" nennen möchte. Diese Menschen erkennen keine geistige Autorität und keine Jüngerschaft an und sind „ihr eigener Christus". In der letzten Zeit wird es viele solcher Menschen im Christentum geben, aber hauptsächlich sind dies sogenannte „virtuelle Christen".

Lassen Sie uns weiter in der Bibel lesen. **Judas, ab Vers 16**

Das sind Leute, die ständig nörgeln und sich beschweren und sich von ihren Begierden beherrschen lassen. Es sind großspurige Angeber, und sie schmeicheln anderen, um sich Vorteile zu verschaffen. Ihr aber, meine lieben Freunde, sollt an das denken, was die Apostel von unserem Herrn Jesus Christus euch vorausgesagt haben

Und was haben die Apostel festgestellt? Sie haben Gottes Ordnung erkannt! Jesus starb für Seine Braut – für Seine Gemeinde und dabei darf man nicht außer Acht lassen, dass es Gottes Ordnung gibt, den fünffältigen Dienst, welchen Gott in der Schrift begründet hat!

Natürlich hat der Teufel dies durchschaut und versucht immer wieder gerissen Spaltung im Inneren der Gemeinde zu säen, oft sind Menschen mit einem anderen nicht einverstanden oder wollen nicht akzeptieren, was getan werden muss. Manchmal sagen einige Menschen sogar: „Wozu brauchen wir Pastoren? – Wir brauchen den Heiligen Geist.". Ich zitiere aus der Schrift: **Eph. 4,10-12**

Er, der herabkam, ist derselbe, der über alle Himmel hinaufstieg, damit er Herr über alles ist. Er hat die einen als Apostel, die anderen als Propheten, wieder andere als Prediger und schließlich einige als Hirten und Lehrer eingesetzt. Ihre Aufgabe ist es, die Gläubigen für ihren Dienst vorzubereiten und die Gemeinde - den Leib Christi - zu stärken.

Diese Struktur ist nicht nur eine Struktur der Gemeinde; in erster Linie ist sie die Ordnung Gottes – hier auf der Erde sowie im Himmel. Im Himmel gibt es Hierarchie!

Lassen Sie uns weiter im **Judas-Brief** lesen: **Vers 17 und 18:**

Ihr aber, meine lieben Freunde, sollt an das denken, was die Apostel von unserem Herrn Jesus Christus euch vorausgesagt haben: Sie sagten euch, dass es in den letzten Tagen Spötter geben wird, die mit ihrem Leben nichts Besseres anzufangen wissen, als ihren eigenen gottlosen Leidenschaften nachzugehen.

Einige verdrehen das Prinzip der Gnade Gottes und behaupten: „Mit mir ist alles in Ordnung, ich befinde mich unter der Gnade und darf alles". Tatsächlich ist dies kein Leben unter der Gnade, sondern ein Leben nach den eigenen selbst ernannten Regeln. Gottes Gnade aber beinhaltet geistige Prinzipien und wichtige Augenblicke, die vielen heute einfach fehlen! **Vers 19:**

Jetzt sind sie da und stiften Unfrieden unter euch. Sie haben Gotte Geist nicht in sich und lassen sich nur von ihrem Denken leiten, das vo der Welt geprägt ist.

Einzig und allein auf dem fünffältigen Dienst basieren die Einheit de Glaubens, der Ordnung und der Führung. Diejenigen, die sich davon entferner schränken sich selbst ein und sitzen nur zu Hause vor ihre Computerbildschirmen. Sie suchen sich die Prediger aus, die ihnen kein Unbequemlichkeiten bereiten und die angenehm für sie zu hören sind, alle anderen stehen sie kritisch gegenüber und akzeptieren weder eine höhere Mach eine geistige Autorität oder Salbung. Leider gibt es viele solcher Menschen, di bestimmte Anlässe für Widerstand nutzen, der am Ende nur zerstört.

Viele aus dieser Generation der Durchsäuerung befinden sich heute i tiefer Depression und leiden unter Enttäuschung. Sie wollen nicht nur mit de Gemeinde nichts zu tun haben, nein, sie zerstören dabei sogar noch ihr eigene Leben. Sie sind Rebellen, die die Struktur der Gemeinde Gottes auf der Erd ablehnen.

Wenn Sie das Wort Gottes annehmen, so werden Sie mir zustimmer denn alles oben Erwähnte basiert auf der Schrift. Aber es gibt einige, für die is selbst die Bibel keine Autorität mehr. Meine Bitte an Sie alle: Achten Sie gena darauf, was Gott jetzt tut. Ich beobachte in dieser Zeit zwei Extreme, zum eine das konservative Volk; Menschen des Gesetzes und Schriftgelehrte und zur anderen die Menschen „im Geist", die unter dem Motto leben: „Ich brauch keinen Pastor, ich brauche keine Bibel, ich brauche nur mich selbst."

Aber hören Sie, es steht geschrieben, dass der Herr sich in der letzten Zei mit einfachen und demütigen Menschen umgibt und es steht ebenfall geschrieben, dass Er den Stolzen widersteht und den Demütigen Gnade gibt. Ic bin auch geistiger Mensch und ich liebe es mich in Geist zu bewegen, ebens liebe ich Sein Reich, Engel, Zeichen und Wunder. Aber ich bin gegen dies abnormalen geistigen Extreme. Wissen Sie, wen die Menschen jagen, wenn si sich gegen Gottes Struktur auflehnen? Christus selbst – es steht im Wor geschrieben: „Saul, Saul! Warum verfolgst du mich?"

Es gibt eine Wahrheit – und ich denke, der werden Sie mir zustimmen – über die Gemeinde darf nur der richten, der für sie gestorben ist!

Der Heilige Geist wird dies nicht hier beurteilen, wie manche denken, sondern es wird vor dem weißen Thron erfolgen. Niemand hat das Recht über die Braut zu urteilen. Wenn jemand meint zu wissen, wie man es besser machen kann, so soll er es mit gutem Beispiel zeigen, entsprechend zu handeln ist mehr wert als tausend Worte. Heutzutage geschehen viele schlechte Dinge, es erfolgen heftige gegenseitige Anschuldigungen und Kinder Gottes gehen auf andere Kinder Gottes los und manchmal möchte ich die Frage stellen: Sind das überhaupt Gläubige?

Ich hörte einmal folgende Worte von einem Bediensteten: „Weißt du, ich wurde von Satanisten nicht so verletzt, wie es von den Kindern Gottes geschehen ist." Wo ist das Christentum nur hingekommen, wenn solche Dinge geschehen?!

Es wird immer mehr offenbar werden, dass viele solcher extremen Dinge geschehen. Doch Jesus sagte, dass der Weg schmal sei und wir müssen diesen Weg der Gnade und Herrlichkeit Gottes in Demut und Anerkennung der Autorität Gottes gehen. Dabei können Sie sich zu 100% sicher sein, dass der Herr Sie segnen wird.

Mein größter Wunsch ist heutzutage, dass die Menschen mehr vom Heiligen Geist als von irgendetwas anderem geleitet sind. Die Zeit ist vorbei, in der Gott viele Menschen aus den „toten" Gemeinden herausgeführt hat, die in ihrer Bewegung hinter Ihm stehengeblieben sind und wo Menschen geistig gestorben sind. In dieser sogenannten Revolution sind viele „umgekommen" und viele von denen, die aus den Gemeinden ausgetreten sind, leben jetzt in der Welt. Und der Herr sprach zu mir: „Ich erhebe meine Gemeinde". Aber Er wird nicht die „Schein-Gemeinden" – die „virtuellen" – erheben, sondern echte und lebendige Gemeinden.

Der fünffältige Dienst ist nur im Hinblick auf zwei Aspekte notwendig, erstens, dass wir wieder zu einem einheitlichen Glauben gelangen und zweitens, dass wir in die Fülle der Sohnschaft Gottes eingehen.

Eph. 4,11-13

Er hat die einen als Apostel, die anderen als Propheten, wieder andere als Prediger und schließlich einige als Hirten und Lehrer eingesetzt. Ihre Aufgabe ist es, die Gläubigen für ihren Dienst vorzubereiten und die Gemeinde - den Leib Christi - zu stärken. Auf diese Weise sollen wir alle im Glauben eins werden und den Sohn Gottes immer besser kennen lernen, sodass unser Glaube zur vollen Reife gelangt und wir ganz von Christus erfüllt sind.

Nach wie vor ist dieses Gefüge aktuell. Deshalb sollten Sie verstehen, vor allem wenn Sie ihr Haus vom Computer aus „hüten" wollen, es gibt etwas Größeres für Sie in Christus! Natürlich, es gibt eine bestimmte Zeit der Vorbereitung und Absonderung, in der Gott persönlich Zeit mit Ihnen verbringt. Aber Gott erhebt Seine Gemeinde und unterstellt sie Seinem Willen.

Kapitel 10

In das Reich Gottes eingehen und darin leben

Lieber Leser, lassen Sie uns nun zu dem Punkt kommen, an dem ich mit Ihnen mein Lieblingsthema teilen möchte.

Wie uns allen sicherlich bekannt ist, ging die gesamte Menschheit aus dem Garten Eden hervor. (Der Garten, in dem sie ursprünglich immer leben sollten.)

1 Mo. 3,23-24

Deshalb schickte Gott, der Herr, Adam und seine Frau aus dem Garten Eden fort. Er gab Adam den Auftrag, den Erdboden zu bearbeiten, aus dem er gemacht war. Nachdem er sie aus dem Garten vertrieben hatte, stellte Gott, der Herr, Cherubim auf, die mit einem flammenden, blitzenden Schwert den Weg zum Baum des Lebens bewachen.

Durch das Sühneopfer Jesu Christi ist uns nun der Weg dahin zurück eröffnet. Ist Ihnen schon mal aufgefallen, wie der Vater in dem Gleichnis vom verlorenen Sohn diesem mit offenen Armen entgegenrannte, als dieser nach Hause zurückkehrte? Oh, mit welche Liebe Er sich uns zuwendet. Dieser Moment, in dem sich die unglaubliche Liebe und Nähe des himmlischen Vaters uns gegenüber zeigt:

... Er war noch weit entfernt, als sein Vater ihn kommen sah. Voller Liebe und Mitleid lief er seinem Sohn entgegen, schloss ihn in die Arme und küsste ihn. (Lk. 15,20)

Er küsst uns! – Begreifen Sie das? Er tut dies jedes Mal, wenn wir zu Ihm zurückkehren und für Ihn spielt es dabei keine Rolle, was wir davor getrieben haben. Jedes Mal, wenn Sie zurückkehren, können Sie mit den offenen Armen unseres liebenden Vaters rechnen!

> **Als Gott die Menschheit durch Seinen Sohn in den Garten Eden zurückführte, legte er ihnen die besten Kleider an.**

Aber sein Vater sagte zu den Dienern: Schnell! Bringt die besten Kleide im Haus und zieht sie ihm an. ... (Lk. 15,22)

Sagen Sie: „Gott hat für mich nur das Beste vorbereitet!" – sprechen Si dies im Glauben. Lassen Sie die Proklamierung der Wahrheit aus Gottes Wort i Ihrem Munde wie ein Siegeslied klingen, bis Sie die Resultate in Ihre Denkweise erkennen können. Erwarten Sie anschließend, dass all das in Ih Leben und Ihren Dienst überfließen wird.

Die Kleidung symbolisiert immer unsere Denkweise. Erinnern Sie sich an di Begebenheit aus dem Wirken Jesu, als der Blinde seinen Mantel abwarf, um Ihm nähe kommen zu können? In diesem Augenblick durchdrang ihn die Denkweise eines sehende Menschen. Anders gesagt: Unser Vater hat den sehnlichen Wunsch uns den Mantel eine knechtenden Denkweise herunterzureißen, sodass Ihr Leben ein Leben des Segens und de Überflusses werden kann!

Im ersten Buch Mose steht in Kapitel zwei ab Vers zehn geschrieben:

Ein Fluss entsprang in Eden, der den Garten bewässerte und sich dann i vier Arme teilte. Einer dieser Arme heißt Pischon, der um das Lan Hawila fließt, wo Gold zu finden ist. Das Gold jenes Landes is außergewöhnlich rein; dort findet man auch Bedolachharz und de Edelstein Schoham. Der zweite Arm heißt Gihon, der um das Lan Kusch fließt. Der dritte Arm ist der Tigris, der östlich von Assyrien fließ Der vierte Arm heißt Euphrat. Gott, der Herr, brachte den Menschen i den Garten Eden. Er sollte ihn bebauen und bewahren.

„Garten Eden" – Adams Garten oder auch Garten des Genusses (aus de neuhebräischen bedeutet es so viel wie „Garten der Glückseligkeit") Wenn wi die Bedeutung dieser Übersetzung erkennen, wird uns eine Tür geöffnet, un dorthin zu gelangen. Schließlich wurde der Mensch von Gott genau für diese Zweck geschaffen – Genuss zu haben.

Einige Menschen glauben, dass wir lediglich dazu geschaffen wurden, u Gemeinschaft mit dem Herrn haben zu können. Wir wissen aber, dass Gott ein große Persönlichkeit ist und nie „langweilig" wird. Abgesehen davon, dass unse Gott die Dreieinigkeit von Vater, Sohn und Heiligem Geist ist – was bedeute dass wir mit drei Persönlichkeiten gleichzeitig Gemeinschaft haben können, is

Er darüber hinaus auch noch in sich selbst vollkommen und kann allein bestehen. (Es gibt einfach keine irdischen Worte, die die Eigenschaften unseres Herrn treffend beschreiben könnten – Anm. des Übersetzers) Gott schuf den Menschen, dass er genau denselben Genuss erfahren kann, den der Herr für sich hat, denn wir sind nach Seinem Ebenbild geschaffen worden. Er lebt in ständigem Genuss aus sich selbst heraus.

Als Jesus für uns am Kreuz starb, wurde der Vorhang zerrissen, das heißt, Gott hat den Engel mit dem Feuerschwert am Eingang des Garten Edens für uns entfernt. Das tat er dafür, dass uns jetzt der Zugang zum Garten der Glückseligkeit für immer möglich ist und wir dort vom Baum des Lebens essen können, welcher Jesus Christus verkörpert.

> *Er ist der Weg, die Wahrheit und das Leben. Verinnerlichen Sie sich aber, wo der Baum des Lebens sich befindet. – natürlich im Garten Eden! Aber wo ist Eden? Er ist in uns. Es wird gesagt, dass davon die Ströme des lebendigen Wassers ausgehen – wir eine neue Schöpfung sind, wofür Jesus alle Ehre gebührt. Die Rede ist hier von vier Flüssen, die in Eden flossen, da, wo Adam einst wohnte. Jetzt fließen diese Flüsse in uns!*

> *Die Flüsse fließen aus Eden heraus! Diese Flüsse beinhalten alles, was der Mensch für ein Leben in Genuss benötigt. In einer tiefen Beziehung zum Herrn werden alle vier Flüsse für uns zugänglich – Geist, Seele, Körper und materielle Dinge – alles geht aus ihnen hervor. Jeder der vier Flüsse ist dafür ausgelegt worden, um diese vier Bereiche auszufüllen.*

Ich möchte Ihnen etwas Wunderbares sagen – Gott will, dass Sie 24 Stunden am Tag Genuss haben! Ist das nicht eine phantastische Nachricht?

Die Zeichen in unserem Leben

Ja, sehr wohl gibt es so etwas wie Zeichen von Gott, aber Er gibt sie uns nicht einfach so, nur weil Er mit uns mal einen „Smalltalk" führen möchte. Ein

Zeichen soll uns immer etwas sagen. Jesus bezeichnete Zeichen und Wunder als Brot und ich möchte Sie in diesem Zusammenhang an eine grundlegende Wahrheit erinnern – Gott redet mit uns 24 Stunden am Tag. Die Frage ist nur – Sind unsere Ohren bereit zu hören?

Während meines Dienstes hatte ich einmal eine sonderbare Begebenheit in Finnland. Ich war dort auf eine Konferenz eingeladen und wie es so üblich ist traf ich mich danach noch mit dem dortigen Pastor der Gemeinde. Also fuhren wir mit seinem Auto zu seiner Wohnung – zu meinem Entsetzen musste ich auf der Fahrt feststellen, dass irgendetwas mit der Heizung des Autos nicht stimmte (und die Winter in Finnland sind deutlich kälter als in Russland). Dort angekommen, eilte ich die Stufen hoch, um ins Warme zu kommen. Ich öffnete die Eingangstür und gelangte in den Vorraum, in dem es schon deutlich wärmer war. Der Eingang war mit einer Wechselsprechanlage gesichert und die Tür ließ sich nur mit einem Schlüssel oder dem Türdrücker öffnen. Der Pastor war überrascht, wie ich ohne Schlüssel in das Haus gelangen konnte – mir war das in diesem Moment egal und ich achtete in dem Moment auch nicht darauf, dass man einen Schlüssel brauchte – aber die Tür hatte sich wie durch ein Wunder geöffnet. Erstaunlich, nicht wahr?

Am nächsten Tag geschah fast dasselbe. Ich erinnerte mich an die Begebenheit vom Vorabend und sagte eigentlich nur „so zum Scherz": „Tür öffne dich im Namen Jesus Christus!" und sie ging auf. Ich dachte so bei mir „Wow, das kann doch nicht wahr sein!" Am gleichen Tag zeigt mir der Herr Jesaja Kapitel 45 – Verse eins und zwei:

Dies sagt der Herr zu Kyrus, seinem Gesalbten, dessen rechte Hand er ergriffen hat, um durch ihn Völker zu unterwerfen und Könige zu entwaffnen und ihm Tür und Tor zu öffnen. Keine Pforte soll ihm verschlossen bleiben. »Ich will vor dir hergehen und einebnen, was sich dir in den Weg stellt. Ich werde Bronzetore zerschmettern und Eisenriegel zerbrechen.

Nachdem ich es gelesen hatte, ließ sich die Tür nicht ein weiteres Mal auf übernatürliche Weise öffnen. Ich verstand, dass dies ein Vorzeichen für die kommenden übernatürlichen Dinge war. Vers 3:

Und ich gebe dir Schätze, die im Dunkeln verborgen sind - geheime Reichtümer. Das alles tue ich, damit du weißt, dass ich der Herr bin, der Gott Israels, der dich bei deinem Namen ruft.

Lassen Sie uns kurz innehalten: Das, was der Herr mir hier zeigen wollte waren Seine riesigen und unzähligen Reichtümer des Himmels, die für uns vorherbestimmt sind und für uns freigesetzt werden. So wie im Himmel, so werden sie für uns auch auf Erden verfügbar sein.

Gott hat mir auch gezeigt, dass er in Zeiten der Not auf übernatürliche Weise für Seine Gemeinde sorgen wird. Er wird das Gewirr der Bindungen an die Welt lösen, sodass wir nicht mehr von ihr abhängig sein werden. Wenn Sie in Herrlichkeit verwandelt werden, werden Sie verstehen, wer Sie sind. Der Herr wird Ihnen genau zur richtigen Zeit das geben, was Ihnen übermäßige Freude bereiten wird.

Ich hatte die Gelegenheit den Genuss der Arbeit schmecken zu dürfen. Wenn Sie anfangen Ihre Arbeit zu genießen, so werden beispielsweise auch Ihre Kunden, Auftraggeber oder Nutznießer Ihrer Arbeit anfangen diesen Genuss zu spüren. Das bedeutet, dass alles, was Sie während Ihrer Arbeit umgibt oder was Sie schaffen (Lebensmittel, Produkte, Schriftstücke usw.), von der positiven Energie erfüllt sein werden, die Sie in sich tragen. Übrigens bitte ich Sie auf folgendes zu achten, wenn irgendwo Diskrepanzen auftreten, also nicht alles glatt läuft oder Uneinigkeit besteht, so rührt dies in aller Wahrscheinlichkeit von den Menschen her, die lediglich für Geld Ihrer Arbeit nachgehen und das bedeutet Leid und keine Freude. Ich habe diesbezüglich meine eigene Geschichte, was es bedeutet Genuss an der Arbeit zu haben.

Eine Begebenheit aus dem Leben. Ich arbeitete einst als Koch in einem Fünf-Sterne-Hotel. Dort musste ich um vier Uhr früh auf der Arbeit sein, ausschlafen war also nicht möglich. (vor allem dann nicht, wenn mich mein Herz um ein Uhr Nachts bewegt hatte, mit meiner kostbaren und zukünftigen Frau per Skype zu telefonieren.) Zu meinem Aufgabengebiet zählte unter anderem die Vorbereitung der Salate für das Frühstück.

Interessanterweise sagte der Besitzer des Hotels, als er meinen Salat probiert hatte: „Michael, ich möchte, dass du mir den Salat für mein Frühstück von nun an immer zubereitest." Lassen Sie mich anmerken, dass ich keine anderen Zutaten nutze, die die anderen Köche sonst auch verwendeten – mit anderen Worten: ich konnte am Geschmack des Salates eigentlich nichts verändern. Sobald aber eine andere Person den Salat zubereitete, wies dieser einen ganz anderen Geschmack auf. Die Leute waren verblüfft und wollten von mir wissen, welche Zutaten ich außerdem noch hinzufügte. In diesen Momenten verstand ich klar, dass es sich hier um etwas Übernatürliches handeln musste.

Erstaunlicherweise begann ich ebenfalls zu diesem Zeitpunkt Gedichte in neuhebräisch zu schreiben, obwohl ich sonst nicht einmal in der Lage war diese auf Russisch zu verfassen. Dank meiner übernatürlichen kulinarischen

Fähigkeiten erhielt ich Dankesschreiben von den Gästen, was mich glücklic machte und meinen Jesus loben ließ.

Einmal kam eine sehr bekannte israelische Künstlerin in das Hotel, d sehr angetan von meinem Essen war. Immer wieder kam sie mit einem Läche zu mir und bedankte sich für das wunderbare Essen. Rückblickend kann ic sagen, dass immer dann solche schönen Momente entstanden, wenn ich mein Arbeit genoss, denn dann war ich mit dem Himmel verbunden und konn große Freude empfinden und stand in Verbindung mit dem Herrn. Der ständig Aufenthalt im Gebet brachte einige erstaunliche Dinge zum Vorschein, der wenn es durchdrang, wurde es in der physischen Welt greifbar. Ich bin davo überzeugt, dass sich im Leben vieler gläubiger Menschen enorm mehr veränder würde, wenn sie einfach lernen würden, unabhängig davon, wo sie sich gerac befinden, in einer ständigen und genussvollen Verbindung mit dem Herrn z bleiben. Das ist ein Schlüssel, der die Türen des Lebens öffnet.

Betrachten Sie Ihre Beziehung mit Gott; ich denke, dass jeder etwas dara verbessern möchte, um sie noch tiefer, noch intensiver und noch intimer werde lassen zu können; und das ist durchaus real – beginnen Sie einfach d Gemeinschaft mit dem Heiligen Geist zu genießen und schon bald werden S bemerken, wie wunderbar sich dies auf Ihr gesamtes Leben auswirken wird.

Sicherlich kennen Sie das Sprichwort „Ein Fass ohne Boden" – so ist es, wenn Sie in Seine Herrlichkeit eintauchen, es gibt keine Begrenzung, wie tief Sie gehen können. Das Reich Gottes ist in uns. Jeder von Ihnen, der tatsächlich wiedergeboren ist, ist ein Portal zum Himmel, eine Jakobsleiter, auf der die Herrlichkeit herabkommt.

Die Elemente des Reiches

In der King James Bibel heißt es: „Die Engel werden zum Menschensoh herabkommen." – im Urtext heißt es allerdings, dass die Engel „nach der Menschensohn" kommen werden. Erkennen Sie den Unterschied? Dies is prophetisch geschrieben und heißt, dass jeder von uns sich öffnen soll, um so ei Portal zu werden, wie Jesus es einst war.

Ergründen Sie selbst die Antwort auf die folgende Frage: Zu welcher Zweck tragen wir das Siegel Gottes? Ich meine in diesem Fall, das Siegel de Geist Gottes.

Sie haben sicherlich schon mal das Sprichwort „Umgang formt den Menschen" gehört. Wenn Sie sich in ständiger Gemeinschaft mit dem Heiligen Geist befinden, werden Sie früher oder später ein Teil Seines Reiches und Seines Wesens. Es wird Ihre DNA, Ihren Charakter, Ihre Seele, Ihre Gefühle und Ihre Gedanken verändern. Ihre Denkweise wird sich verändern und Sie werden die Mentalität eines Gerechten entwickeln.

*Stellen Sie sich vor, früher betete ich folgendermaßen: „Herr schenke mir ein reines Herz, schaffe mir ein reines Herz." Als ich mich wieder auf meine Füße stellte, hörte ich die Stimme des Herrn: „Mein Sohn, Du hast **bereits** schon ein reines Herz!" Ich war sehr überrascht, bis ich verstand, dass Er unser steinernes Herz schon längst gegen ein fleischernes Herz ausgetauscht hat. Verstehen Sie bitte, wenn sich Ihr erneuerter Geist in perfekter Übereinstimmung mit Ihrer erneuerten Denkweise befindet, dann werden Sie in der Lage sein, Seine vollkommene Kraft, die Heiligkeit und das Reich Gottes auf Erden manifestieren zu können.*

Dies passiert, weil Ihre Gedanken durch Ihr Leben widergespiegelt werden.

Paulus sagt über das Himmlische (bezüglich unserer weltlichen Angelegenheiten) **(Kol. 3,2: Denkt nicht an weltliche Angelegenheiten, sondern konzentriert eure Gedanken auf ihn!)**, dass wir daran denken sollen, dass die Worte, die aus unserem Mund kommen, immer von unserer Denkweise herrühren. Denken Sie immer daran? „Aus der Fülle unseres Herzens redet der Mund." **(Mt. 12,34: Denn immer bestimmt ja euer Herz, was ihr sagt.)**

Wenn der Herr Ihnen eine Offenbarung schenkt, dann leben Sie darin, sprechen Sie mit Gott darüber, denn dann werden die Engel Gottes sie auch vollbringen. Die Engel Gottes handeln nur auf der Grundlage von Gottes Willen.

Oft fragen die Menschen mich, ob man den Engeln befehlen kann. Ich sage dann meist, wenn das, was Sie sagen, unter der Inspiration und der Führung des Heiligen Geistes erfolgt, werden die Engel Ihre Worte als die Wortes Gottes wahrnehmen. Lassen Sie uns in den Psalmen lesen – **Psalm 102,20: Lobt den Herrn, ihr seine Engel, ihr mächtigen Wesen, die ihr seine Befehle ausführt und auf seine Worte hört.**

Preise den Herrn, wir sind das Sprachrohr Gottes – durch uns spricht Er und die Engel erfüllen dadurch Seine Befehle. Bevor Sie etwas sagen, denken Sie darüber nach, von wem Sie inspiriert wurden? Die Engel haben ein gutes Erkennungsvermögen und werden immer fühlen, was die Eingebung unserer Worte war. Wenn die Engel Selbstsucht oder Egoismus hören, werden sie sich keinen Millimeter bewegen. Hören Sie aber Worte unter der Leitung Gottes und auf der Basis Seines Wortes, werden sie dies sofort erkennen und entsprechend handeln. Dies ist ein Schlüssel des Reiches Gottes, lieber Leser, um uns das freizusetzen, was uns auf Erden und im Himmel vorherbestimmt ist. Wir müssen Gott alle Ehre bringen, zuerst in unserem eigenen Leben, dann im Leben unserer Familie und dann in allem weiteren.

Darin, wo Sie im Kleinen treu sind, nur darin werden Sie auch im Großen treu sein können. Ich sage immer: „Ihr Dienst ist Ihr verborgenes Zimmer. Ihre Beziehung zum Herrn im Verborgenen bestimmt das und in welchem Umfang sich Dinge in der physischen Welt offenbaren und manifestieren werden." Beherzigen Sie sich das, vor allem, wenn Sie in einem aktiven Dienst stehen.

Denken Sie immer daran, dass das zentrale Thema von Jesus Christus immer das Reich Gottes war. Wir müssen Seinem Vorbild folgen und lernen, wie wir die Kraft Gottes zeigen und ausüben können.

Kapitel 11

Zeugnis einer veränderten Gemeinde

In diesem Kapitel möchte ich Ihre Aufmerksamkeit auf eine Gemeinde lenken, in der ich die Gelegenheit hatte zu dienen. Dies ist eines der Zeugnisse von Gottes Herrlichkeit, die mein Herz ungemein erfreuen. Diese Situation beweist wieder einmal die Stärke Gottes, der immer in der Lage ist jede Situation zu ändern, egal wie sie auch gerade aussehen mag. Ich bat Pastor Ewgeni Bugajew aus Berlin über das Wirken von Gottes Herrlichkeit in seiner Gemeinde zu berichten – lassen Sie uns schauen, was geschehen war:

„Schon die Begebenheit, wie die erste Einladung von Pastor Michael in unsere Gemeinde zustande kam, ist ein Zeichen des übernatürlichen Wirken Gottes. Das, was für uns womöglich wie ein Zufall oder ein „gute Fügung" aussieht, ist für Gott ein gut durchdachter, organisierter und realisierter Plan. Meine Frau Natalia und ich waren zu diesem Zeitpunkt Pastoren einer kleinen Gemeinde mit etwa zwanzig Mitgliedern. Wir hatten bis dahin schon viel probiert, um Menschen in die Gemeinde zu führen; regelmäßig evangelisiert und viele Arten von Veranstaltungen durchgeführt – das erhoffte Wachstum und die ersehnte Erweckung blieben aber immer aus. Es war für alle immer eine Anstrengung den Dienst zu tun und oft erschöpfte er uns auch. Wir erfuhren von dem Dienst Michaels und wollten ihn zu Ende September 2016 in unsere Gemeinde einladen. Also schrieben wir ihm eine Einladung und warteten auf eine Antwort. In der folgenden Nacht führte ich in einem Traum ein Telefonat mit Michael, in dem er mir sein Kommen zusicherte. Dieser Traum war für mich so real, dass ich am nächsten Morgen meiner Frau voller Freude berichtete, dass er den Dienst in unserer Gemeinde zugesagt hatte. Sie war verwundert und fragte mich, wann ich denn diese Zusage erhalten haben würde. Da wurde mir bewusst, dass es ein Traum war. Am gleichen Tag meldetet sich Michael per

Telefon und sagte uns, dass er zu diesem Zeitpunkt schon drei andere Termir hätte, zwischen denen er sich bereits entscheiden müsse. Ich erzählte ihm vo meinem sehr realen Traum, was ihn schließlich dazu veranlasste eine Zusage fi unsere Gemeinde – trotz der anderen drei Termine – zu geben.

Schon der erste Abend, an dem wir mit Michael zusammentrafen, w: vom Wirken des Heiligen Geistes begleitet. Wir luden ihn in unsere Wohnur ein und es baute sich augenblicklich eine Atmosphäre der Herrlichkeit Gotte auf, in der wir einfach nur befreiend gelacht haben – fast vier Stunden lang! W freuten uns, lobten und priesen Jesus und badeten im Fluss des Lebens.

Auf der Schule geschahen viele übernatürliche Dinge. Die Kraft de Heiligen Geistes war sehr stark spürbar, Menschen wurden übernatürlich befrei erhielten physische oder seelische Heilung - teilweise war die Kraft des Geiste so stark, dass einige stundenlang am Boden lagen oder unkontrollien Bewegungen machten, die wir vorher bei ihnen noch nie gesehen hatten. Al Tage der Schule waren von Visionen und prophetischen Worten begleitet. Go setze das Feuer der Erweckung in unserer Gemeinde und den Herzen unsere Mitglieder frei. Die Atmosphäre der Herrlichkeit war so stark, dass sie auch Tag nach der Schule noch deutlich in unserer Gemeinde spürbar war.

Ich selbst bekam während dieser Zeit eine Vielzahl an Bestätigungen un Offenbarungen bezüglich meines Dienstes und der Vision der Gemeinde – dies Richtungsweisungen bestätigen mir darüber hinaus auch das, was Gott m bereits schon in den zwölf Jahren meines Dienstes eröffnet hatte und ließe mich noch fester im Willen Gottes werden.

Danach änderten wir unsere Gemeindearbeit grundlegend: Die Lehre, di Art und Weise der Gottesdienste, die Herangehensweise an Wunder und da Wirken des Heiligen Geistes usw. Was bisher mit menschlicher Kraft vollbracl wurde, geschah nun unter Führung und Leitung des Heiligen Geistes. Di Gottesdienste wurden nun von Zeichen und Wundern und der Herrlichke Gottes begleitet, Heilungen und Befreiung waren keine Seltenheit meh sondern wurden zur Normalität. Die Salbung und die Kraft des Heiligen Geiste war und ist in unserer Gemeinde jetzt immer allgegenwärtig. Meine Frau un ich haben auch schon davor einige Zeichen und Wunder im Dienst erleb allerdings hatten wir bis zu dieser Zeit noch nicht den nötigen und verfestigte Charakter und deswegen hatten wir auch noch nicht das nötig Einfühlungsvermögen für die Liebe und die Kraft Gottes.

Unsere Gemeinde begann zu wachsen und bei immer mehr Mensche unserer Gemeinde begann der Geist Gottes auf übernatürliche Weise mit Seine Gaben zu wirken. Menschen, die ihr Herz erst vor kurzem dem Herr übergeben hatten, wurden beispielsweise sehr stark in der Prophetie gebraucht. Visionen und Auslegung dieser Prophetien sind in unserer Gemeinde nun keine Seltenheit mehr. Auf einer Evangelisation in der Stadt geschahen Heilungen und uns erreichten Zeugnisse, dass Menschen unter anderem von Krebs geheilt wurden. Aber nicht nur physische, sondern auch seelische Heilung vollbrachte der Herr in unserer Gemeinde. Menschen wurden freigesetzt und von jahrelangen Bindungen befreit und erfuhren so Freiheit von teilweise lang zurückliegenden Erlebnissen, die es ihnen bisher nicht ermöglicht hatten, in ihren Dienst und ihre Berufung eingehen zu können.

Bereits zwei Monate später, im Dezember 2016, fand eine zweiwöchige Schule Henoch in unserem eigenen Gemeindehaus statt. Bei den Dienern und treuen Begleitern unserer Gemeinde entwickelte sich das Wirken des Heiligen Geistes immer mehr – selbst Michael war über die unwahrscheinliche Kraft und Herrlichkeit Gottes erstaunt. Dies war der Beginn einer großen und starken Erweckungsbewegung unter der Leitung des Heiligen Geistes. Während der zweiten Schule wurde klar, dass der Herr etwas Großes in unserer Stadt vorhat. Michael übertrug uns die Salbung zur Durchführung der Schule Henoch in unserer Gemeinde, welche wir bereits jetzt schon mehrmals selbst unter Leitung des Heiligen Geistes durchgeführt haben. Ebenso entschlossen wir uns, den internationalen Dienst, aber vor allem die Bewegung in Deutschland, von Michael unterstützen zu wollen, daher findet bei uns einmal in jedem Quartal des Jahres eine Schule Henoch statt, ebenso haben wir die Übersetzung dieses Buches vorangebracht, welches Sie grade in Ihren Händen halten.

Noch etwas legte uns der Herr auf das Herz unserer Gemeinde. Unsere Gemeinde fühlt sich berufen, die Herrlichkeit Gottes zu verbreiten und den Menschen zugänglich zu machen. Wir sollen im Reich Gottes als die Träger Seiner Gegenwart fungieren, um so das Kommen Seiner Sohnschaft mit vorbereiten zu können. Dieser Entschluss trug nicht minder dazu bei, dass die Gegenwart Gottes auf den Gottesdiensten, in unserem Dienst und im Leben eines jeden Gemeindemitgliedes immer mehr und mehr sichtbar wird. Damit geht nicht nur das Wirken und Wandeln in den Gaben und Früchten des Heiligen Geistes einher, sondern uns wurden außerdem immer tiefere Einblicke in die Welt der Engel und der dienstbaren Geister gewährt. Das ermöglicht uns Zusammenhänge in der geistigen Welt zu verstehen und zu erkennen, was uns gezielter in den Gaben des Geistes bewegen und uns immer mehr zu einem effektiven und nützlichen Werkzeug zur Verbreitung von Gottes Reich werden lässt. Wir werden unter Seiner Leitung und Führung immer mehr vervollkommnet und erkennen uns selbst und Sein Wesen immer mehr und mehr. Ebenso werden wir für den geistigen Kampf zugerüstet und erlangen Stärke und Autorität in der geistigen Welt.

Wir können den Beitrag, den der Heilige Geist zu unserem Dienst beiträgt, nicht hoch genug schätzen und ich kann kühn behaupten, dass sich unser Gemeindeleben nach der ersten Schule Henoch im September 2016 grundlegend verändert hat. Mein Herz ist voller Zuversicht, dass dies erst der Anfang einer großen geistigen Veränderung in Deutschland ist, die noch viele Gemeinden und Christen freisetzen wird und den Leib Christie dadurch wachsen und stärker werden wird.

Kapitel 12

Fragen und Antworten

Im letzten Kapitel dieses Buches finden Sie schließlich Antworten auf mir häufig gestellte Fragen.

Frage: Ist es möglich, bereits hier auf Erden einen verherrlichten Körper zu haben?

Antwort: Möglicherweise. Aber dazu müssen Sie wissen, dass es erstens eine Frage der Zeit ist und zweitens dies nur in Herrlichkeit geschehen wird. Ein Beispiel: Wenn Ihr Körper jetzt in den dritten Himmel versetzt wird, wird er dann dort geheilt werden? Ja, natürlich wird er das, aber warum? Weil dort die Herrlichkeit Gottes herrscht. Es steht geschrieben, dass wir ein Abbild des Himmels in uns tragen und dies immer mehr im Prozess unserer Veränderung zutage treten wird. Wie können wir dies erreichen? Durch die Erneuerung unserer Denkweise. Wussten Sie, dass von unserem Gehirn alle Impulse ausgehen, die unserem Körper signalisieren, wie er sich fühlen soll? Tatsächlich arbeitet unser Gehirn lediglich mit einer Kapazität von maximal sieben Prozent (und das ist schon sehr viel). Treten wir aber in die Herrlichkeit Gottes ein, so wird – wie es Mose und Paulus schon schrieben – dieser Schleier entfernt. Dabei wird jede Zelle des Gehirnes, welche vorher inaktiv war, zum Leben erweckt – das hat der Herr mir offenbart.

Ps. 45,17
Deine Söhne werden Könige sein wie ihr Vater, du wirst sie zu Herrschern über viele Länder machen.

Stehen Sie auf! Leuchten Sie! Wenn unser Vater Licht ist, so heißt das, dass auch wir Licht in uns tragen. Je tiefer Sie in eine Beziehung zu Jesus Christus eintauchen, desto mehr Licht wird aus Ihnen scheinen. Die ganze geistige Welt wird dies sehen, sowohl die Engel wie auch die Dämonen. Alles hat dort seinen Anfang. Es ist notwendig und wichtig, dass wir in unseren natürlichen Lebensraum aufsteigen – dass wir in die Herrlichkeit Gottes zurückkehren.

Frage: Wie kann ich meinen Geist nähren, um das zu erkennen, was im Himmel ist?

Antwort: Dazu möchte ich Ihnen zunächst eine Gegenfrage stellen. Wer gab uns unsere Phantasie? Jeder Gläubige muss lernen, dass wir unser Vorstellungsvermögen für die Zwecke Gottes einsetzen. Ja, Sie müssen zunächst Ihre Phantasie aktivieren, das ermöglicht Ihnen den Sprung in den Himmel (es ist sozusagen der Startprozess wie bei einem Flugzeug). Zunächst ist das, was Sie sehen, meistens noch menschlich, aber schon bald werden Sie an den Punkt gelangen, an dem Sie Gott anstoßen wird und dann werden Sie die Grenze überschreiten, die Sie von ihren eigenen Vorstellungen zu den von Gott bringen wird – an diesem Punkt übernimmt der Herr die Führung. Es ist wie ein Sprungbrett, das Sie in die geistige Welt katapultiert, haben Sie also keine Angst Ihre Phantasie zu benutzen. Auf vielen prophetischen Schulen wird Ähnliches gelehrt; nutzen Sie Ihr Vorstellungsvermögen – das ist nicht vom Teufel, es ist eine Gabe Gottes. Die Wahrheit möchte nicht eingegrenzt werden, lassen Sie der Wahrheit freien Lauf.

Frage: Kann Gott Diener gebrauchen, die in einer sündigen Abhängigkeit leben?

Antwort: Zu großem Bedauern muss ich sagen, dass es solche Diener gibt. Ich möchte Sie aber bitten, stellen Sie sich nicht auf die Position des Richters, Sie kennen die Lage dieser Menschen nicht, Sie haben auch nicht den Druck oder die Angriffe miterlebt, mit denen diese Menschen möglicherweise konfrontiert werden. Es gibt Menschen, die nur sonntags einfach in die Gemeinde kommen – auch das ist eine Art von Druck, der von bestimmten Dämonen ausgeübt wird. Dieser Druck und die Anzahl der Dämonen ist aber um ein Vielfaches höher, wenn jemand den Entschluss getroffen hat, Verantwortung für das Schicksal vieler hunderter Menschen übernehmen zu wollen. Viele gesalbte Menschen sind gefallen, aber Gott ist jederzeit bereit sie wieder zu erheben.

Warum geschehen trotzdem noch Wunder durch einen Diener, selbst wenn er schon gefallen ist? Lassen Sie mich so antworten – es ist eine immer bleibende Gabe, aber die Herrlichkeit Gottes ist von diesen Menschen gewichen. Früher oder später wird so ein Mensch mit Gott gemeinsam entscheiden müssen, wie es weitergehen soll und wie er die Beziehung mit dem Herrn wiederherstellen kann. Ob und in welchem Umfang jeder die verschiedenen Gaben des Geistes verwendet und in welchem Zustand, in welcher Herrlichkeit, er lebt, hängt einzig und allein von jedem Menschen selbst ab, deshalb schreibt Paulus:

1 Kor. 9,27
Mit der eisernen Disziplin eines Athleten bezwinge ich meinen Körper, damit er mir gehorcht. Sonst müsste ich befürchten, dass ich zwar anderen gepredigt habe, mich danach aber womöglich selbst disqualifiziere.

Ich wurde einmal gefragt: „Aber wie kann das sein, diese Menschen verführen andere und es steht geschrieben – wer nur einen von meinen Kleinsten verführt, dem soll…" Wissen Sie, welche Bibelstelle gemeint ist? Ich möchte Sie darauf aufmerksam machen, dass dieses Gespräch noch unter dem Einfluss des Alten Testamentes – also vor der Kreuzigung - stattfand. Hier geht es um eine böswillige Absicht, es geht darum, dass ein Mensch aus böswilligem Vorhaben jemanden verführt. Bringen Sie hier bitte nichts durcheinander. Manchmal höre ich Leute sagen: „Salbung fließt doch von oben nach unten." Dann frage ich diese Menschen meisten: „Wie oft haben Sie für diesen Menschen gebetet und warum kommen jetzt Worte des Gerichts aus Ihrem Mund?" Bringen Sie keine Spaltung, wir sind alle der Leib Christi und wir sollen füreinander beten, wir sollen uns nicht gegenseitig ver- oder beurteilen, sondern wir sollen einander unterstützen. Ich bitte Sie in so einem Fall: Seien Sie weise und betrachten Sie die Lage mit erwachsenen Augen.

Frage: Was bedeutet es Zeit im Geist zu verbringen?

Antwort: Vor allem ist es eine Beziehung zu Ihm, wenn Sie Ihren Fokus auf Jesus gerichtet lassen. Eine andere Möglichkeit ist Anbetung und Verherrlichung. Warum? Im Himmel ist Verherrlichung und Lob ein beständiges Element – wenn wir diesem gleichtun, so treten wir in Kontakt mit den Engeln, die im Himmel singen. Während die Engel auf- und absteigen, kommen sie mit unserer Lobpreisung in Berührung, steigen damit wieder zum Himmel hinauf und kommen mit Herrlichkeit wieder herab. Lobpreis steigt auf und Herrlichkeit kommt herunter. Je mehr Sie den Herrn loben und preisen, desto mehr Herrlichkeit wird in Ihr Leben kommen. Leben Sie in Lobpreisung. Wir gehen durch Seine Tore mit Danksagung und in Seine Vorhöfe mit Gesang:

Ps. 100,4

Geht durch die Tempeltore mit Dank, tretet ein in seine Vorhöfe mi Lobgesang. Dankt ihm und lobt seinen Namen.

Es gibt noch ein anderes Kommunikationsmittel – ein sehr mächtige Instrument. Paulus schreibt: Betet in Zungen und erbaut euch selbst **(1 Kor 14,4 Wer in Zungen redet, der erbaut sich selbst; ... [Luther]).**

„Erbauen" bedeutet auch „aufbauen" oder „errichten" – mit andere Worten: Ihr Geist wird ständig weiter aufgebaut (wie ein Hochhaus). Gena dann werden Sie in den geistigen Menschen - so wie Ihn der Vater sieht vollkommen verwandelt. Also bitte denken Sie immer daran, das Zungengebe erbaut Ihren Geist.

Eine weitere Möglichkeit, Zeit im Geist zu verbringen, ist das Singen vo Liedern im Geist. Was ist das? Hierbei singen Sie Lieder in anderen Sprache (Zungensprache) – entwickeln Sie sich in diesem Bereich. Sollte es Ihne peinlich sein in der Öffentlichkeit (z. B. während des Gottesdienstes) zu singer so tun Sie dies in Ihrer Stillen Zeit mit Jesus. Auf alle Fälle sollten Sie den Wer dieser Gabe für sich entdecken.

1 Kor. 14,15

...Ich werde im Geist singen, und ich werde in Worten singen, die ich verstehe.

Lassen Sie mich noch eines erwähnen, wenn Sie sich bei guter geistliche Musik einfach hinsetzen und vom Heiligen Geist durchtränken lassen, so ist die immer eine außergewöhnlich gute Zeit. Tun Sie dies so oft wie möglich, setze Sie sich einfach zur Ruhe und betrachten Sie Seine Schönheit. Dafür gibt e keine Regeln, jeder tut dies auf seine individuelle Weise; der Herr wird Sie leiter verbringen Sie einfach nur Zeit mit Ihm.

Wenn Sie die Persönlichkeit des Heiligen Geistes kennen wird Sie niemand anderes betrügen könne

Michael Shaga

Epilog

Lieber Leser, meine erste Druckausgabe würde ich gern mit folgenden Worten schließen. Manchmal strengen wir uns richtig an, um wenigstens ein bisschen aus unserem „Geist" herauspressen zu können und wundern uns dann, dass nichts passiert. Oft sind solche Bemühungen nichts weiter als pure Selbstgerechtigkeit. Der Schlüssel zum Erfolg liegt aber im Heiligen Geist! Nur innerhalb einer innigen Beziehung zu Ihm können wir uns verändern. Unser Herz und unser Charakter können die Frucht des Geistes nur aus einer intimen Gemeinschaft mit Ihm hervorbringen. Es steht geschrieben: „Was aus dem Fleisch geboren ist, das ist Fleisch; und was aus dem Geist geboren ist, das ist Geist." (Joh. 3,6 – Luther) Damit der Charakter Jesu Christi geboren werden kann, ist es zunächst notwendig, dass dieser in inniger Gemeinschaft mit dem Heiligen Geist gezeugt wird. Bitte verachten Sie nicht die Gemeinschaft des kostbaren und liebenden Geistes des Vaters. Dies ist eine Botschaft vom Himmel. Seien Sie gesegnet, während Sie dies lesen. Lesen Sie das Buch nicht selbst, lassen Sie es sich von Gott persönlich nahebringen. Ich bete für jeden Leser, dass der frische Wind des Geistes Sie den Rest Ihres Lebens umhüllt! Und dazu beiträgt, dass es zu globalen Veränderungen im Leben, in den Häusern und in den Familien führt.

Mit Liebe in Christus, Ihr Michael.